日本のふしぎ
なぜ？どうして？

執筆　大野正人

高橋書店

はじめに

みなさん、日本《にほん》という国《くに》について、考《かんが》えたことはありますか？

どんな人《ひと》が住《す》んでいるのか、どんな物《もの》を食《た》べているのか、どんな生活《せいかつ》をしているのか。

そんなこと考《かんが》えたこともありませんよね？

だって、日本《にほん》に住《す》んでいれば、ぜんぶわかることですから。

でも、みんながおとなになってくると、だんだんと日本《にほん》にたいしてふしぎに感《かん》じることがふえていきます。

そして、そのとき感《かん》じたふしぎの答《こた》えは、日本《にほん》のれきしと、

日本《にほん》のしくみにかくされていることがほとんどです。

そこで、この本《ほん》では、未来《みらい》のみんなのために、日本《にほん》のれきしと日本《にほん》のしくみについてたくさんしょうかいすることにしました。

ただし、学校《がっこう》で習《なら》うような、細《こま》かいれきしや細《こま》かいしくみは、あえてしょうかいしていないので、この本《ほん》を読《よ》んで「なんとなく」おぼえておきましょう。じつは、この「なんとなく」が、意外《いがい》としょうらいの役《やく》に立《た》つのです。

さて、どのように役《やく》に立《た》つのか。それは、みんなが大《おお》きくなってから知《し》ってください。

大野《おおの》　正人《まさと》

もくじ

はじめに

れきしのふしぎ

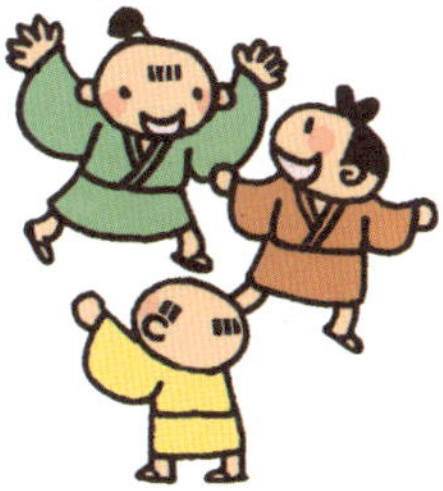

文化《ぶんか》のふしぎ

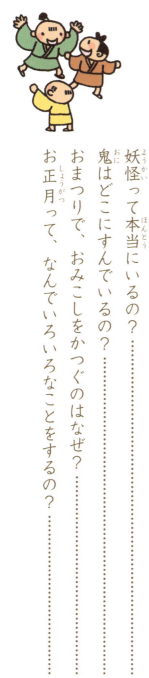

平和《へいわ》のふしぎ

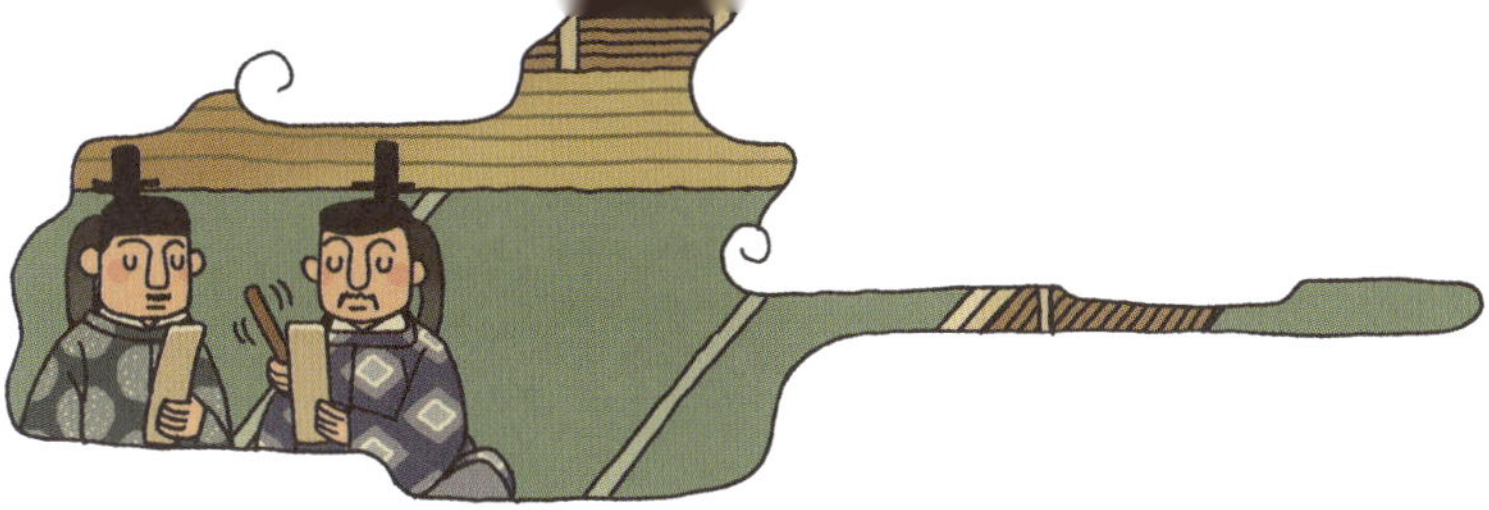

社会《しゃかい》のふしぎ

こころのふしぎ

執筆協力：栗栖美樹
ブックデザイン：辻中浩一　吉田帆波（ウフ）
DTP：エムアンドケイ
校正：鷗来堂
イラスト：赤澤英子　メイヴ　高田真弓
仲島綾乃　カモ

れきしのふしぎ

れきしのふしぎ

日本《にほん》ってどうやって生《う》まれたの？

このようにして生《う》まれました。

ここは、神《かみ》さまが
すむ高天原《たかまがはら》。
ここには、
形《かたち》のない
神《かみ》さまがいました。
神《かみ》さまは、
男《おとこ》と女《おんな》の形《かたち》をした
神《かみ》さまをつくりました。
そして、
さいごに
イザナギと
イザナミという
神《かみ》さまを
つくったのです。

神《かみ》さまは、言《い》いました。
これをつかって、中《なか》つ国《くに》に新《あたら》しい国《くに》を作《つく》りなさい
うーん。どうすればいいんだろう？
とりあえず、中《なか》つ国《くに》が見《み》える場所《ばしょ》に行《い》ってみましょう
ドロドロしてる…
天の浮橋
この橋《はし》の下《した》にあるのが、中《なか》つ国《くに》だ
この矛《ほこ》をさしてみよう
ぐるぐる
ぐるぐる
ポン!!
で、できた！
なんか知《し》らないけど、島《しま》ができた！
オノゴロ島《しま》たんじょう！
島《しま》におりてみたけど、国《くに》を作《つく》るって、どうすればいいんだろう？
わかったわ！子《こ》どもを産《う》むように、国《くに》を産《う》めばいいのよ！
※中《なか》つ国《くに》…地上《ちじょう》の世界《せかい》のこと

男女《だんじょ》が出会《であ》って、なかよくなって子《こ》どもを産《う》むように、わたしたちも出会《であ》うことからはじめましょう
はっ!!
ドキン
まあ、なんてステキな人《ひと》なの
ああ、なんてステキな人《ひと》なのだろう
LOVE COMPLETE!
こうして、出会《であ》いからはじめたふたり。しかし、ふたりのあいだに産《う》まれたのは…。
うねうね
イボイボ
なんかへんなの産《う》まれた！

いろいろとふしぎに思《おも》うことがあるかもしれません。でも、神《かみ》さまは人間《にんげん》よりすごいので、何《なに》ができたってふしぎではないし、何《なに》を考《かんが》えているかなんて、人間《にんげん》の頭《あたま》ではわかりません。とにかく日本《にほん》は、このようにしてたんじょうしたのです。

れきしのふしぎ

え？ この話《はなし》って本当《ほんとう》？

たぶん、ウソです。

ここまでのお話《はなし》は、今《いま》から1300年《ねん》ほど前《まえ》に書《か》かれた日本《にほん》のれきし書《しょ》「古事記《こじき》」を元《もと》にしたものです。日本《にほん》の土地《とち》ができるほどむかしの話《はなし》は、科学《かがく》の力《ちから》がない時代《じだい》には、何《なに》もわかりません。

だからむかしの日本人《にほんじん》は「それなら神《かみ》さまが作《つく》ったことにしよう。そのほうがりっぱな国《くに》って感《かん》じがするし」という気持《きも》ちで、日本《にほん》を神《かみ》さまが作《つく》った国《くに》ということにしたのかもしれません。

さて、古事記《こじき》のお話《はなし》は、日本《にほん》を作《つく》ってからもまだまだ続《つづ》きます。

イザナギは死《し》の国《くに》へ向《む》かった!

イザナギは、ふしぎな力《ちから》を得《え》た!

アマテラスは神《かみ》の国《くに》の女王《じょおう》になった!

スサノオは人間《にんげん》の国《くに》をおさめた!

このように古事記《こじき》には、神《かみ》さまたちのお話《はなし》がまだまだたくさんあります。きょうみをもったら、みんなも古事記《こじき》を読《よ》んでみましょう。

ちなみに、古事記《こじき》のできた1300年《ねん》ほど前《まえ》は、北海道《ほっかいどう》も、東北《とうほく》も、沖縄《おきなわ》も、まだ天皇《てんのう》がおさめる国《くに》ではないので、イザナギとイザナミがつくった日本《にほん》には、北海道《ほっかいどう》、東北《とうほく》、沖縄《おきなわ》がありません。

れきしの
ふしぎ

じゃあ、本当《ほんとう》は、どうやって日本《にほん》ができたの？

神《かみ》さまが作《つく》ったのではなく、地球《ちきゅう》の動《うご》きが日本《にほん》をふくむ世界《せかい》の形《かたち》を作《つく》りました。

地球《ちきゅう》の中《なか》はとてもあつく、ドロドロのマグマがむかしも今《いま》も流《なが》れていて、その流《なが》れによって、地上《ちじょう》の形《かたち》は少《すこ》しずつかわっていったのです。

むかし、世界《せかい》はひとつの大陸《たいりく》でした。
それが、だんだんとわかれていき…
2万年《まんねん》くらい前《まえ》に、こんな形《かたち》になりました。

こうして日本《にほん》に人《ひと》がやってきた!

この時代《じだい》の日本《にほん》をよく見《み》てみましょう。

なんと、日本《にほん》は今《いま》のようにまわりが海《うみ》でかこまれているのではなく、となりの大陸《たいりく》とくっついていたのです!

ズンチャ!
ズンチャ!
ズンチャ!
こっちにまだ食《た》べ物《もの》がいっぱいあるぞ〜!
Welcome to Japan!!

そしてさまざまなルートで「やがて日本《にほん》とよばれる場所《ばしょ》」に人《にん》間《げん》がやってきたのです。

ここに住《す》みはじめた人《ひと》たちは、お米《こめ》を作《つく》りはじめました。

5000年前《ねんまえ》

食《た》べ物《もの》をうばいあうこともなく、さまざまな道具《どうぐ》を作《つく》り、おしゃれも楽《たの》しみながら生活《せいかつ》する。そんな平和《へいわ》な時代《じだい》に、今《いま》の中国《ちゅうごく》がある場所《ばしょ》からお米《こめ》は伝《つた》えられました。食《た》べると力《ちから》が出《で》る、何《なに》よりおいしい! ということで、お米《こめ》を育《そだ》てるようになったようです。

ダメだ。今年《ことし》は冬《ふゆ》がくるのが早《はや》すぎる

だいじょうぶ! ためたお米《こめ》を食《た》べてしのぎましょう

2500年前《ねんまえ》

それまでは動物《どうぶつ》や、どんぐりなどの木《き》の実《み》をとって食《た》べていましたが、いつもとれるわけではありません。でもお米《こめ》は上手《じょうず》に育《そだ》てるとたくさんとれ、くさらないまま何年《なんねん》もためておけます。このため、食《た》べ物《もの》をさがしてひっこしを続《つづ》ける生活《せいかつ》から、お米《こめ》を中心《ちゅうしん》に育《そだ》てて同《おな》じところに住《す》む生活《せいかつ》にかわりました。

お米《こめ》作《づく》りから国《くに》はできた!

① お米《こめ》はたくさんの人《ひと》で作《つく》る!

お米《こめ》を作《つく》るには、たくさんの人手《ひとで》がいります。だから、しゅうだんで生活《せいかつ》するようになりました。

あの人《ひと》、また さぼってる!
あなたが リーダーになって、みんなをまとめて ください!

② しゅうだん生活《せいかつ》にはルールがひつよう!

みんなできょうりょくしてくらすためには、ずるをする人《ひと》が出《で》ないようにするなど、ルールがひつようです。ルールを守《まも》らせるために、リーダーも生《う》まれました。

③ こうして国《くに》ができた!

みんなで、ルールを守《まも》ってくらす。これは、今《いま》の国《くに》のしくみとかわりません。こうして、人はお米《こめ》を育《そだ》てることで、人《ひと》は国《くに》のしくみをしぜんに作《つく》りあげていったのです。

こうしてお米《こめ》作《づく》りをきっかけに、だんだんと国《くに》の形《かたち》ができあがっていきました。しかし、ここで大《おお》きな問題《もんだい》がおきます。それが戦争《せんそう》です。

お米《こめ》は、田《た》んぼのしつや作《つく》る人《ひと》によって、とれるりょうが大《おお》きくかわります。このためゆたかな村《むら》とまずしい村《むら》ができてしまいました。

あまりにもお米《こめ》がとれず、食《た》べるのにこまった村《むら》は、ほかの村《むら》をおそうようになってしまいました。こうして日《に》本《ほん》に「戦争《せんそう》」が生《う》まれたのです……。

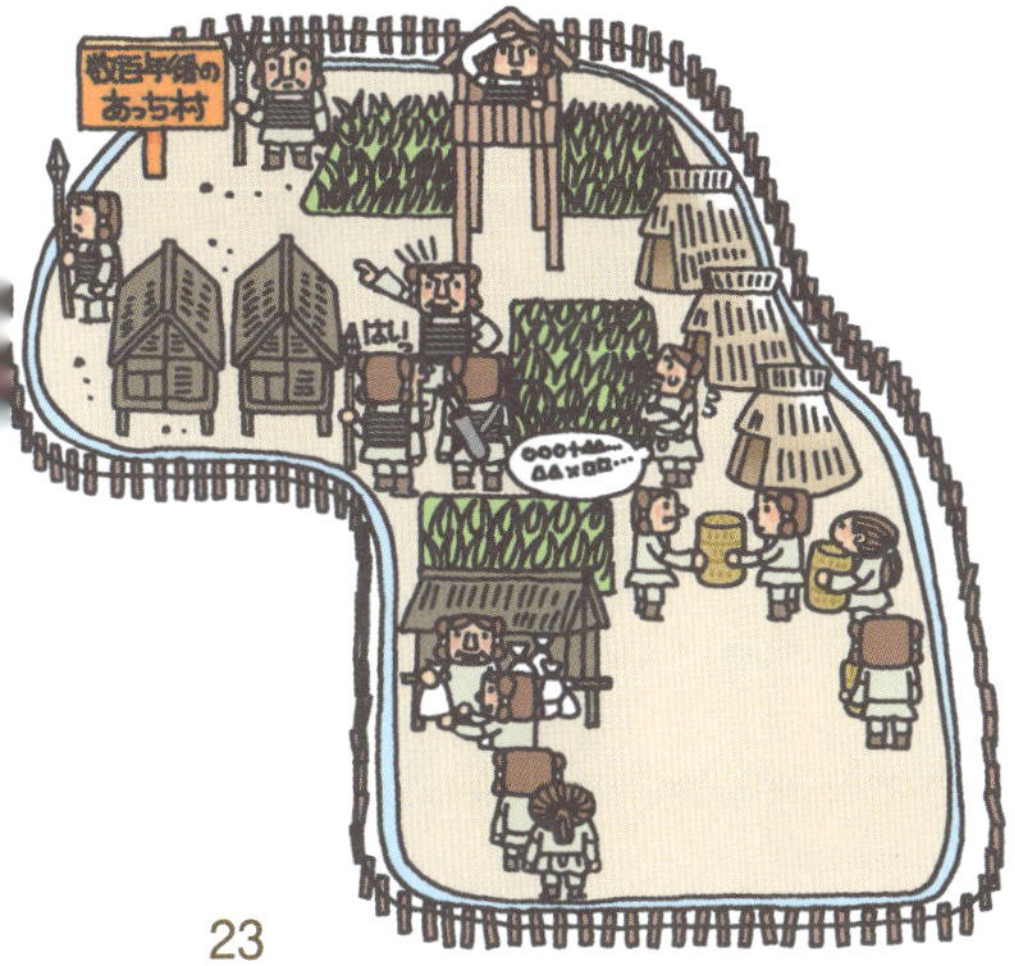

戦争《せんそう》に勝《か》った村《むら》は大《おお》きくなりました。見《み》はりやお米《こめ》の管理《かんり》といったしごとが生《う》まれ、集《あつ》めた村《むら》のお米《こめ》をかれらにあたえるしくみができたのです。これは今《いま》でいう「税《ぜい》金《きん》」のようなものです。

戦争《せんそう》なんてしなければいいのに

たしかに「自分《じぶん》の村《むら》にお米《こめ》がないからほかの村《むら》をおそう」というのは、あまりにも考《かんが》えがたんじゅんで、よいこととは言《い》えません。

しかし、お米《こめ》をわけてもらうようにおねがいしたとしても、あまりよいけっかにはならないようです……。

本当《ほんとう》にこのようなことがあったのかどうかはわかりませんが、お米《こめ》がとれない田《た》んぼの村《むら》は、このような「話《はな》し合《あ》いの戦争《せんそう》」で村《むら》がうばわれても、何《なに》もふしぎではありません。

日本《にほん》はいつ日本《にほん》になったの？

２０００年《ねん》ほど前《まえ》の日本《にほん》では、国《くに》としてのしくみをもった村《むら》が戦争《せんそう》をくりかえしていました。勝《か》った村《むら》は少《すこ》しずつ大《おお》きくなり、小《ちい》さな国《くに》になりました。むかしの日本《にほん》はこの小《ちい》さな国《くに》がたくさん集《あつ》まったじょうたいだったのです。

では、日本《にほん》が今《いま》のような１つの国《くに》になったのは、いつでしょうか。

そのはじまりは、今《いま》の奈良県《ならけん》あたりにあったヤマトという国《くに》にあるといわれています。

じつはむかしは、ちがう名前《なまえ》だった！

このヤマトの国《くに》が大《おお》きくなって、今《いま》から１３００年《ねん》ほど前《まえ》に「日本《にほん》」という名前《なまえ》になったのです。でもこの前《まえ》にも、日本《にほん》はたくさんの名前《なまえ》でよばれていました。

日本《にほん》の名前《なまえ》ヒストリー

小《ちい》さな国《くに》の集《あつ》まりだった日本《にほん》は、まとまった名前《なまえ》がありませんでした。このため中国《ちゅうごく》から「倭《わ》」とよばれるようになり、少《すこ》しずつ漢字《かんじ》や読《よ》み方《かた》が変《か》わっていきました。

意外《いがい》と、にている？　むかしの日本《にほん》のしくみ

日本《にほん》が日本《にほん》という名前《なまえ》になったころ、国《くに》のしくみもガラリとかわり、今《いま》の日本《にほん》につながるものがたくさん作《つく》られました。

都《みやこ》の役所《やくしょ》

土地《とち》の管理《かんり》をする役所《やくしょ》や、行事《ぎょうじ》をとりしきる役所《やくしょ》など、10の部門《ぶもん》がありました。今《いま》でいう内閣《ないかく》や、文部科学省《もんぶかがくしょう》や宮内庁《くないちょう》といった省庁《しょうちょう》と同《おな》じようなところです。貴族《きぞく》とよばれる役人《やくにん》がはたらいていました。

はい！
とどけます！
国《くに》
都《みやこ》から
来《き》ました！
いうこと聞《き》いてね
郡《ぐん》
もっと
税《ぜい》おさめてね
里《さと》
おさめます！
はい！

税《ぜい》

今《いま》と同《おな》じように、中央《ちゅうおう》と地方《ちほう》に税《ぜい》をおさめるしくみができました。人々《ひとびと》は、土地《とち》の名産品《めいさんひん》、米《こめ》やぬのなどを都《みやこ》まで歩《ある》いておさめに行《い》き、地方《ちほう》には田《た》んぼの広《ひろ》さに合《あ》わせて米《こめ》をおさめました。

地方制度《ちほうせいど》

日本《にほん》は九州《きゅうしゅう》から東《とう》北《ほく》まで66ほどの「国《くに》」にわけられました。これは、今《いま》でいう都道府県《とどうふけん》のようなもの。それぞれの「国《くに》」に中央《ちゅうおう》から役《やく》人《にん》がきて、管理《かんり》しました。さらに「国《くに》」は、今《いま》でいう市《し》や村《むら》のような「郡《ぐん》」「里《さと》」というまとまりにわけられ、その土地《とち》の役人《やくにん》が管理《かんり》をまかされました。

法律《ほうりつ》

中国《ちゅうごく》をお手本《てほん》にして、国《くに》のしごとの決《き》まりや、悪《わる》いことをした者《もの》への罰《ばつ》をさだめる、法律《ほうりつ》が作《つく》られました。

法
天皇《てんのう》
この決《き》まり、守《まも》ってもらうぞよ
貴族《きぞく》とよばれています
戸籍《こせき》をおとどけします!
男《おとこ》ふたりなら田《た》んぼをこれだけあげるね
それぞれの国《くに》の役人《やくにん》は国司《こくし》とよばれ、強《つよ》い力《ちから》をもちました。
地方《ちほう》の税《ぜい》には、川《かわ》の工事《こうじ》などで1か月《げつ》ほどはたらく決《き》まりもありました。
はたらきます!
戸籍
うちは5人家族《にんかぞく》です!

戸籍《こせき》

どこに何人住《なんにんす》んでいるか、国《くに》が管理《かんり》しはじめたのもこの時代《じだい》。人《ひと》の数《かず》を記《しる》した戸籍《こせき》が作《つく》られ、これをもとに田《た》んぼが国《くに》からあたえられました。このおかげで、国《くに》は安定《あんてい》して税《ぜい》を取《と》れるようになりました。

れきしの
ふしぎ

貴族《きぞく》って、なに？

今《いま》とあまりかわらないしくみができた日本《にほん》。

しかし、前《まえ》のページで出《で》てきた「貴族《きぞく》」だけは、今《いま》の日《に》本《ほん》にいない人《ひと》たちです。

千年《せんねん》ほど前《まえ》の平安時代《へいあんじだい》にもっともかつやくしたこの貴《き》族《ぞく》。いったい、どういう人《ひと》たちだったのでしょう？

第一話
貴族、仕事休むってよ。
ぅ゛ーん…　やめろぉ…
コケコッコー
はっ
がばっ
よかった。夢《ゆめ》か
このまましごとへ行《い》くと悪夢《あくむ》をもちこむことになる…
今日《きょう》、やっすみま～す！
占《うらな》いが大好《だいす》きだった貴族《きぞく》。何《なに》か悪《わる》いことがあると、すぐにしごとを休《やす》んでいました。
第二話
貴族、恋をするってよ。
ヒソヒソ…
あの子《こ》、さいきんキレイになったわね
ヒソヒソ…
なぬ!?
はわわ～。きっとすてきな女性《じょせい》なんだろうなぁ
はぁ、好《す》きだぁ～！
ごろん
ごろん
恋《こい》にむちゅうだった貴族《きぞく》。会《あ》ったことがなくても、うわさだけで人《ひと》を好《す》きになることもしょっちゅうです。

第三話 貴族、本気になるってよ。
よしっ
おれはやるぞ!
バンッ
これからは、本気《ほんき》で向《む》き合《あ》うんだ
みんな、がんばろう!
まってた…もー…
ウフフ…
遊《あそ》ぶことが大好《だいす》きだった貴族《きぞく》。でも、てきとうに遊《あそ》んでいるわけではありません。しんけんに遊《あそ》んでいました。
第四話 貴族、本気ではたらくってよ。
7:00
さて、しごともたまってるし、やるか
うーん…うーん…
10:30
お、もうこんな時間《じかん》か
おかえりなさいませー!
いやぁ、今日《きょう》はよくはたらいたなぁ
もぐもぐ
12:00
ばーい
さて、遊《あそ》ぶか!
のんびりと人生《じんせい》を送《おく》っていた貴族《きぞく》。だから、だいたいはたらくのは午前中《ごぜんちゅう》だけ。のこりの時間《じかん》は自由《じゆう》です。

そんな貴族《きぞく》になりたくて……

こんなうらやましい生活《せいかつ》を送《おく》っていた貴《き》族《ぞく》。だれだってなりたいと思《おも》いますよね。でも、そうかんたんにはなれません。どうしたら貴族《きぞく》になれるでしょうか？

人気コーナー
貴族の
ガイド
おしえるよ！

身分《みぶん》の高《たか》い家《いえ》に
生《う》まれる
（スタンダード！）

いちばんかくじつな方法《ほうほう》です。むしろ、それ以外《いがい》の方法《ほうほう》はほとんどないと言《い》っていいでしょう。

貴族《きぞく》の家《いえ》に
もらわれる
（意外とおすすめ！）

あととりがいない貴族《きぞく》がいたらチャンス。いっしょうけんめい勉強《べんきょう》し、ゆうしゅうだと気《き》に入《い》られれば、貴《き》族《ぞく》になれるかも。

天皇《てんのう》となかよく
なる
（これならかんぺき！）

天皇《てんのう》が「貴族《きぞく》にする」と言《い》えば、だれもさからえません。ただ、なかなかお近《ちか》づきになれないので、むずかしい方法《ほうほう》です。

れきしの
ふしぎ

遊《あそ》んでばっかりなの？ なんか貴族《きぞく》ってずるい！

たしかに貴族《きぞく》は遊《あそ》んでいました。しかし、わすれてはいけないのが、「しんけんに遊《あそ》んでいた」ということ。

どんなことでも、しんけんになれば、どんどんレベルが上《あ》がり、多《おお》くの人《ひと》が、そのレベルの高《たか》さをよろこんでくれます。

今《いま》につながる平安文化《へいあんぶんか》

日本《にほん》の着物文化《きものぶんか》は、いまや世界《せかい》のファッションにもえいきょうをあたえるほど。その着物文化《きものぶんか》の元《もと》となっているのが、この時代《じだい》に生《う》まれた「十二単《じゅうにひとえ》」なのです。

12まいもかさね着《ぎ》するからその重《おも》さは15キロ以上《いじょう》！それでも着《き》るのが貴族《きぞく》のむすめ。そう、おしゃれだってしんけんです。

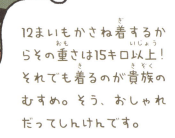

国《くに》ごとの習慣《しゅうかん》や風習《ふうしゅう》を「文化《ぶんか》」とよびますが、この時代《じだい》に貴族《きぞく》が競《きそ》いあいながらセンスをみがいたことで、日《に》本《ほん》にはどくとくな文化《ぶんか》「平安《へいあん》文化《ぶんか》」が生《う》まれたのです。

今《いま》では外国《がいこく》でもしょうかいされるほどの文化《ぶんか》を作《つく》りあげた貴族《きぞく》。そう考《かんが》えると、遊《あそ》んでくらしていたことにもかんしゃしないといけませんね。

決《き》められた言葉《ことば》の数《かず》に合《あ》わせて歌《うた》を作《つく》る「和歌《わか》」は日本《にほん》どくじの歌《うた》。きっとみんなも知《し》っている「百人一首《ひゃくにんいっしゅ》」は、この時《じ》代《だい》に生《う》まれた和歌《わか》を集《あつ》めたものです。

好《す》きな人《ひと》となかなか会《あ》えない時代《じだい》の恋愛《れんあい》がえがかれた「源氏物語《げんじものがたり》」は、今《いま》も読《よ》みつがれる名作《めいさく》。長編小説《ちょうへんしょうせつ》のはじまりです。

囲碁《いご》や将棋《しょうぎ》が大流行《だいりゅうこう》！
囲碁《いご》や将棋《しょうぎ》を打《う》つ人《ひと》を「棋士《きし》」といいますが、この時代《じだい》がなければ棋士《きし》のしごともなかったかもしれません。

れきしの
ふしぎ

平安時代《へいあんじだい》って、のんびりしてすごくいい時代《じだい》だったんだね？

いいえ、ふつうの人《ひと》の生活《せいかつ》に目《め》を向《む》けると、お米《こめ》がとれない年《とし》、病気《びょうき》が広《ひろ》まった年《とし》なども多《おお》く、のんびりくらしているだけではなかったようです。

今年《ことし》は雨《あめ》が ふらなくて これだけです…
ぜんぜん足《た》りない じゃないか！ もっとはたらけ！ （おれのために）

ふつうの人《ひと》がたいへんな生活《せいかつ》をしているいっぽう、貴族《きぞく》のなかには、国《くに》のためではなく、自分《じぶん》がお金持《かねも》ちになるためにしごとをする人《ひと》がふえてしまいました。

政治《せいじ》のしごとをする人《ひと》たちが、国《くに》のためではなく、自分《じぶん》のためにはたらく。これは「政治腐敗《せいじふはい》」ともよばれます。どんな国《くに》でも、政《せい》治腐敗《じふはい》がひどくなると、今《いま》の政治《せいじ》をかえようとする人《ひと》たちがあらわれ、新《あたら》しい国《くに》に生《う》まれかわるものです。日本《にほん》でも貴族《きぞく》による政治《せいじ》が終《お》わり、新《あら》たに「武士《ぶし》」による日本《にほん》のれきしがはじまりました。

れきしの
ふしぎ

武《ぶ》士《し》って、なに？

もともと、武《ぶ》士《し》は、天皇《てんのう》や貴族《きぞく》を守《まも》るための人《ひと》、または、役人《やくにん》たちから身《み》を守《まも》るためにぶきを持《も》った人《ひと》たちを表《あらわ》す言葉《ことば》でした。

つまり、武《ぶ》士《し》とは、戦《たたか》うことをしごとにした人《ひと》たち。ということになります。

でも、時代《じだい》が進《すす》むにつれて、戦《たたか》うだけではなく、「いつか死《し》ぬときのために、はずかしくない生《い》き方《かた》をする」など、心《こころ》がまえなども大切《たいせつ》にしていた人《ひと》たちを武《ぶ》士《し》とよぶようになりました。

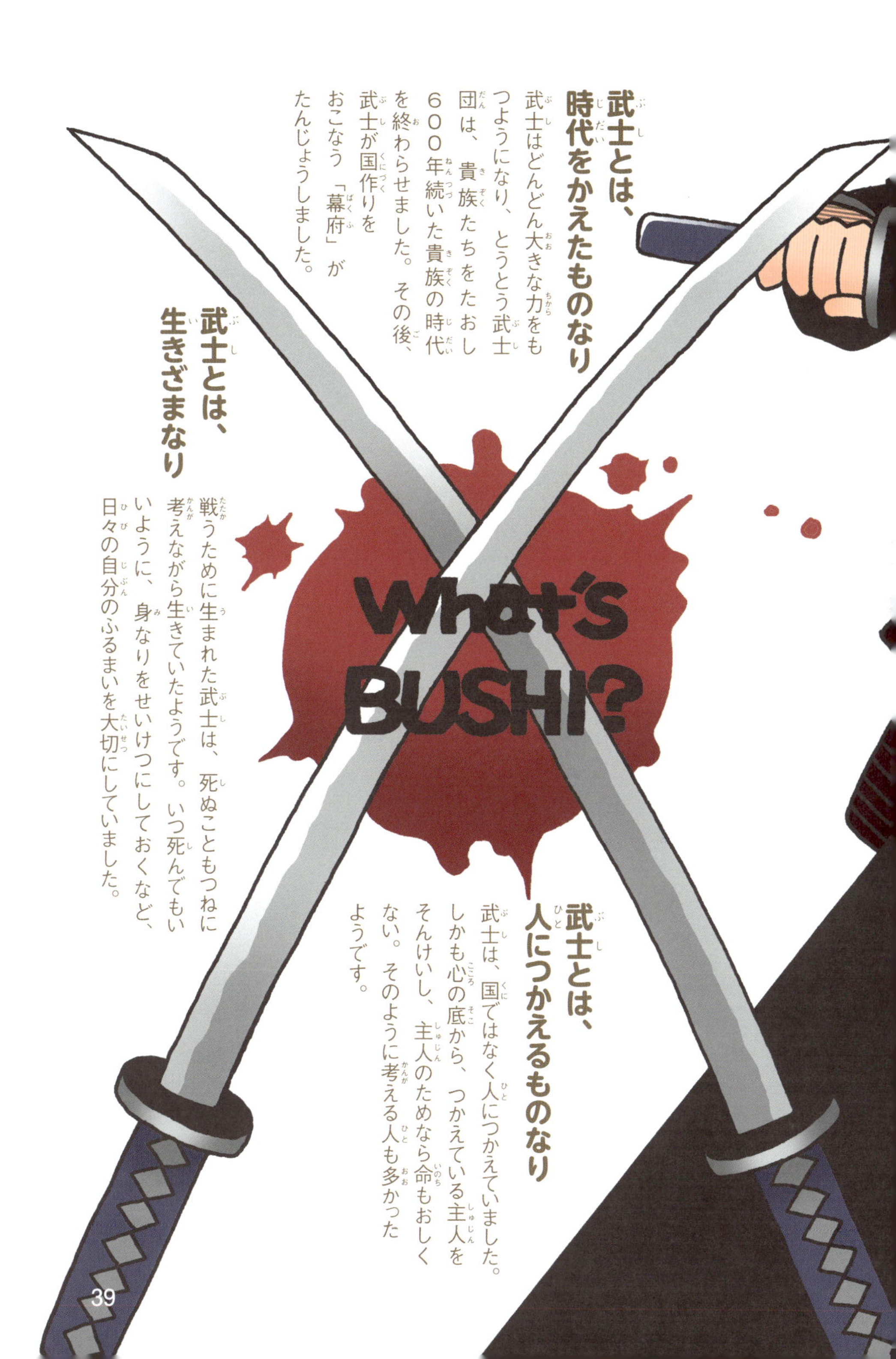

What's BUSHI?

武士《ぶし》とは、時代《じだい》をかえたものなり

武士《ぶし》はどんどん大《おお》きな力《ちから》をもつようになり、とうとう武士《ぶし》団《だん》は、貴族《きぞく》たちをたおし600年《ねん》続《つづ》いた貴族《きぞく》の時代《じだい》を終《お》わらせました。その後《ご》、武士《ぶし》が国作《くにづく》りをおこなう「幕府《ばくふ》」がたんじょうしました。

武士《ぶし》とは、生《い》きざまなり

戦《たたか》うために生《う》まれた武士《ぶし》は、死《し》ぬこともつねに考《かんが》えながら生《い》きていたようです。いつ死《し》んでもいいように、身《み》なりをせいけつにしておくなど、日々《ひび》の自分《じぶん》のふるまいを大切《たいせつ》にしていました。

武士《ぶし》とは、人《ひと》につかえるものなり

武士《ぶし》は、国《くに》ではなく人《ひと》につかえていました。しかも心《こころ》の底《そこ》から、つかえている主人《しゅじん》をそんけいし、主人《しゅじん》のためなら命《いのち》もおしくない。そのように考《かんが》える人《ひと》も多《おお》かったようです。

それで、武士《ぶし》によって、日本《にほん》はどうかわったの？

武士《ぶし》が作《つく》った幕府《ばくふ》は、これまでの天皇中心《てんのうちゅうしん》の政治《せいじ》ではなく、武士《ぶし》のトップである「将軍《しょうぐん》」を中心《ちゅうしん》に政治《せいじ》がおこなわれました。しかし、ふたたび天皇中心《てんのうちゅうしん》の国《くに》を作《つく》ろうとする人《ひと》との戦《たたか》いもあり、なかなか安定《あんてい》しなかったようです。

今《いま》から６００年《ねん》ほど前《まえ》、次《つぎ》の将軍《しょうぐん》をだれにするかであらそいがおき、日本《にほん》がまっぷたつにわかれる大《おお》きな戦《たたか》いにはってんしました。この戦《たたか》いでは多《おお》くの人《ひと》がなくなり、幕府《ばくふ》も大《おお》きく力《ちから》をうしないました。そんなとき、地方《ちほう》で大《おお》きな力《ちから》をもった武士《ぶし》たちが動《うご》き出《だ》したのです。

このように地方《ちほう》の武士《ぶし》たちは、勝手《かって》に自分《じぶん》の土地《とち》をおさめはじめました。こうしてはじまったのが「戦国時代《せんごくじだい》」という新《あら》たな時代《じだい》です。地方《ちほう》で大《おお》きな力《ちから》をもった武士《ぶし》は「大名《だいみょう》」とよばれ、日本《にほん》は、大名《だいみょう》がおさめる小《ちい》さな国《くに》にわけられたじょうたいになりました。まるで、日本《にほん》がお米《こめ》を作《つく》りはじめたときのように、小《ちい》さな国《くに》の集《あつ》まりにもどって、戦《たたか》いをくりひろげることになったのです。

戦国時代《せんごくじだい》って、なに？

戦国時代《せんごくじだい》というのは、各地《かくち》の大名《だいみょう》たちが自分《じぶん》の土地《とち》（領土《りょうど》）を広《ひろ》げるために、いたるところで戦《たたか》いをしていた時代《じだい》です。

戦国時代《せんごくじだい》について知《し》っておくのは、とても大切《たいせつ》です。なにしろ、戦国時代《せんごくじだい》は、日本《にほん》のれきしの中《なか》でもっとも人気《にんき》のある時代《じだい》。マンガにゲームにドラマに映画《えいが》、ありとあらゆるところに戦国時代《せんごくじだい》をあつかった作品《さくひん》があります。ですから、みんなもこれから一度《いちど》は、戦国時代《せんごくじだい》をあつかった作品《さくひん》を見《み》ることになるでしょう。

そのとき、もっと作品《さくひん》を楽《たの》しめるように、今《いま》のうちに戦国時代《せんごくじだい》について、知《し》っておきましょう。

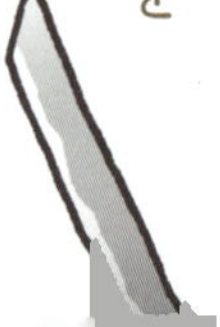

胸《むね》にひめた「野望《やぼう》」の物語《ものがたり》

とうていかなえられない夢《ゆめ》のことを「野望《やぼう》」といいます。戦国時代《せんごくじだい》の前《まえ》までは、国《くに》のトップは、よっぽどのことがないかぎり、その子《こ》どもがついでいました。しかし、戦国時代《せんごくじだい》は、野望《やぼう》がげんじつになる時代《じだい》。どんな人《ひと》でも国《くに》のトップになれたのです。

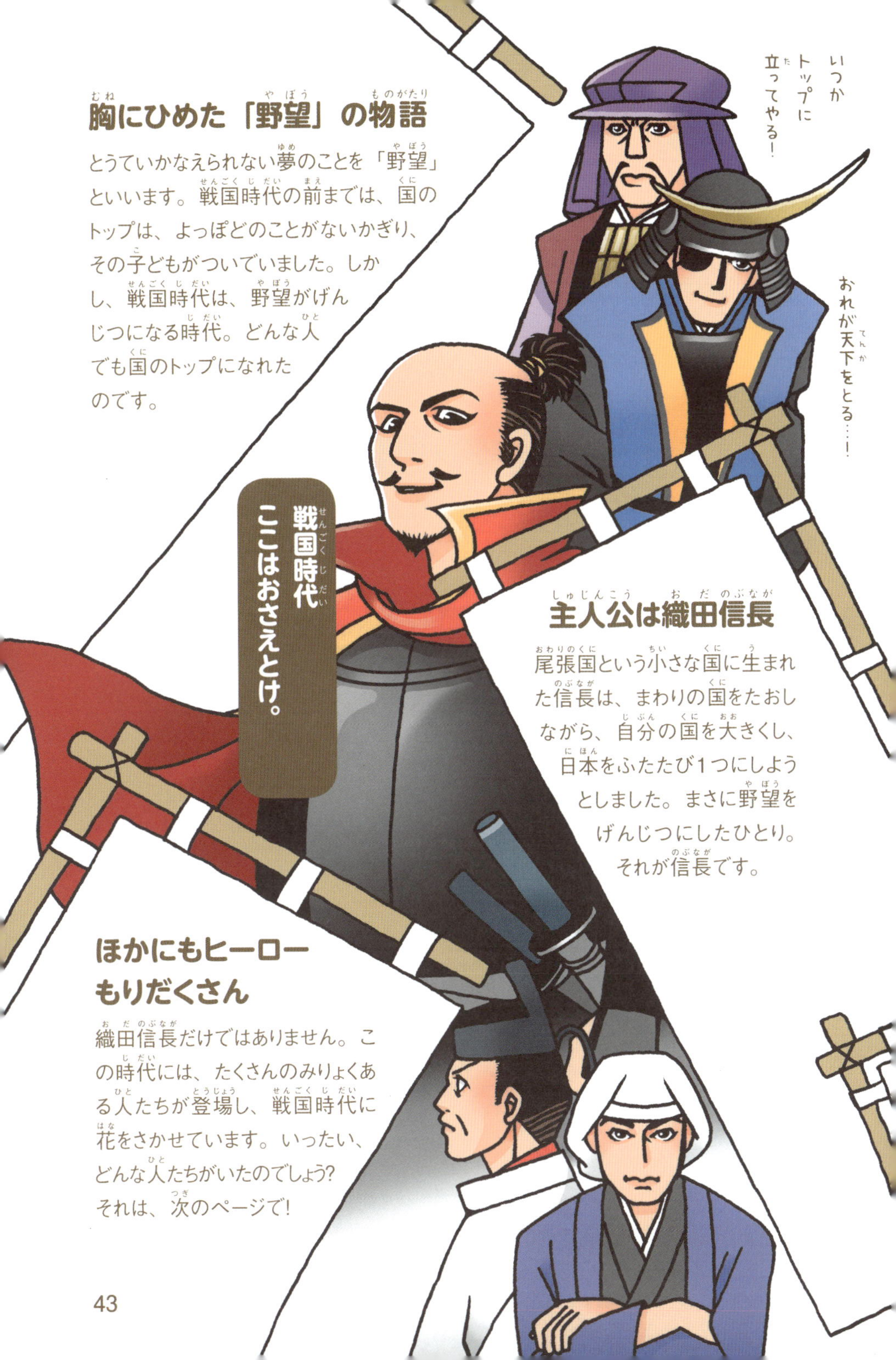

戦国時代《せんごくじだい》ここはおさえとけ。

主人公《しゅじんこう》は織田信長《おだのぶなが》

尾張国《おわりのくに》という小《ちい》さな国《くに》に生《う》まれた信長《のぶなが》は、まわりの国《くに》をたおしながら、自分《じぶん》の国《くに》を大《おお》きくし、日本《にほん》をふたたび1つにしようとしました。まさに野望《やぼう》をげんじつにしたひとり。それが信長《のぶなが》です。

ほかにもヒーローもりだくさん

織田信長《おだのぶなが》だけではありません。この時代《じだい》には、たくさんのみりょくある人《ひと》たちが登場《とうじょう》し、戦国時代《せんごくじだい》に花《はな》をさかせています。いったい、どんな人《ひと》たちがいたのでしょう?それは、次《つぎ》のページで!

日本全国《にほんぜんこく》ヒーローマップ

それぞれの国《くに》でそれぞれの大名《だいみょう》が、さまざまなドラマを作《つく》り出《だ》しているのが、戦国時代《せんごくじだい》の最大《さいだい》のみりょく。この中《なか》で気《き》になった人《ひと》がいたら、この人《ひと》たちにどんなドラマがあったのかしらべてみましょう。

朝倉義景《あさくらよしかげ》

浅井長政《あざいながまさ》

浅井《あざい》は信長《のぶなが》の妹《いもうと》をよめにもらったが、朝倉《あさくら》とのえんを切《き》れず、信長《のぶなが》と戦《たたか》うことに…。

伊達政宗《だてまさむね》

右目《みぎめ》をうしない「独眼《どくがん》竜《りゅう》」とよばれる。東《と》北地方《ほくちほう》をおさめた。

上杉謙信《うえすぎけんしん》

武田信玄《たけだしんげん》

謙信《けんしん》と信玄《しんげん》は戦国時代最大《せんごくじだいさいだい》のライバルかんけい。何度《なんど》も戦《たたか》うが決着《けっちゃく》はつかなかった。

今川義元《いまがわよしもと》

武田信玄《たけだしんげん》と手《て》をむすび東海地区《とうかいちく》をおさめた。しかし、今川《いまがわ》が信長《のぶなが》にたおされたことで…。

織田信長《おだのぶなが》

じょうしきにとらわれず、数々《かずかず》の伝説《でんせつ》を作《つく》る。戦国時代《せんごくじだい》、もっともおそれられていた。

徳川家康《とくがわいえやす》

今川家《いまがわけ》の人質《ひとじち》だったが、今川義元《いまがわよしもと》が信長《のぶなが》にたおされたことで、戦国時代《せんごくじだい》をかけのぼった。

やってみよう

自分《じぶん》の町《まち》はだれがおさめていた？

大名《だいみょう》だけでなく、大名《だいみょう》につかえる「武将《ぶしょう》」など、ほかにもヒーローはたくさんいます。そこで、みんなの住《す》んでいる町《まち》は、どんな大名《だいみょう》、武将《ぶしょう》がおさめていたのかしらべてみましょう。少《すこ》しくわしくしらべてみれば、きっとステキなドラマが見《み》つかるはずです。

毛利元就《もうりもとなり》

3人《にん》のむすこに「1本《ぽん》の矢《や》はかんたんに折《お》れるが、3本《ぼん》なら折《お》れない」と伝《つた》え兄弟《きょうだい》の団結《だんけつ》をうながした。

斎藤道三《さいとうどうさん》

油商人《あぶらしょうにん》から戦国大名《せんごくだいみょう》に！「死《し》んだ後《あと》は国《くに》を信長《のぶなが》にまかせる」というほど、信長《のぶなが》にほれこむ。

大友宗麟《おおともそうりん》

キリスト教《きょう》に入信《にゅうしん》していたため、「キリシタン大名《だいみょう》」とよばれる。

長宗我部元親《ちょうそかべもとちか》

四国全土《しこくぜんど》をおさめるようになるも、天下統一《てんかとういつ》へのきょうみはなかった。

豊臣秀吉《とよとみひでよし》

まずしい農民《のうみん》だったが、信長《のぶなが》につかえてどんどん出世《しゅっせ》をかさね、天下統一《てんかとういつ》をはたす。

で、戦国時代《せんごくじだい》で勝《か》ったのは、だれ？

徳川家康《とくがわいえやす》。これが戦国時代《せんごくじだい》を終《お》わらせた人《ひと》です。家康《いえやす》は江戸《えど》に幕府《ばくふ》を作《つく》り、日本《にほん》は「江戸時代《えどじだい》」へとつにゅうします。では、徳川家康《とくがわいえやす》がだれよりも強《つよ》い大名《だいみょう》かというと、そうとも言《い》い切《き》れないようです。

戦《たたか》いの天才《てんさい》はほかにもいたが、
信長《のぶなが》どのは戦争《せんそう》の天才《てんさい》だった。
人材登用《じんざいとうよう》
楽市楽座《らくいちらくざ》
戦争《せんそう》には多《おお》くの金《かね》と人《ひと》がいる。
この戦《たたか》う前《まえ》のじゅんびの天才《てんさい》だったんじゃ。
家康
豊臣秀吉《とよとみひでよし》
信長《のぶなが》どのがたおされると、秀吉《ひでよし》さんの時代《じだい》。
日本
ぜーんぶわしの！
農民《のうみん》の子《こ》が天下統一《てんかとういつ》をなしとげたのじゃ。
やはり秀吉《ひでよし》さんも天才《てんさい》だった。
豊臣方
西軍
東
東軍
徳川方
東
わー
そして秀吉《ひでよし》さんがなくなり、日本《にほん》を2つに
わけた戦争《せんそう》がおきて、わしが勝《か》った。

だがあのふたりに勝《か》ったとは思《おも》えん。わしは
勝《か》ちのこったのでなく生《い》きのこっただけじゃ。
勝《か》ちのこったのではなく、
生《い》きのこっただけ…
ポーン゛
くるっ
さて、そろそろいいかの…
歩《ある》く家康《いえやす》のせなかは、どこかさみしそうに見《み》えた。
それは、戦国《せんごく》の世《よ》であこがれたふたりのせなかを、まだ見続《みつづ》けているようにも見《み》えた…。
終

れきしの
ふしぎ

江戸《えど》時代《じだい》って、どんな時代《じだい》だったの？

徳川家康《とくがわいえやす》が作《つく》った江戸時代《えどじだい》は、なんと、２６０年《ねん》ほども続《つづ》きました。

江戸時代《えどじだい》の日本《にほん》では、外国《がいこく》と交流《こうりゅう》したり、海外《かいがい》へ行《い》ったりすることの自由《じゆう》はゆるされていませんでした。外国《がいこく》の文化《ぶんか》があまり入《はい》ってこないため、平安時代《へいあんじだい》のように、日本《にほん》は、どくとくの文化《ぶんか》を生《う》み出《だ》していったのです。

落語《らくご》が大人気《だいにんき》！

江戸時代《えどじだい》にはじまった落語《らくご》。今《いま》の落語《らくご》もこの時代《じだい》の空気《くうき》を大切《たいせつ》にしているので、ぜひ聞《き》いてみましょう。

江戸《えど》はリサイクルの町《まち》

紙《かみ》をすてると、すぐにだれかがゴミをひろっていくでしょう。そうじのためではなく、その紙《かみ》を再生《さいせい》するためです。ほかにもいろいろな物《もの》をリサイクルしていたのが、江戸《えど》の町《まち》です。

銭湯《せんとう》という社交場《しゃこうば》

おふろのある家《いえ》が少《すく》なかったので、町《まち》のおふろ屋《や》さんに通《かよ》い、みんなで楽《たの》しく語《かた》り合《あ》っていました。

ただ、貴族《きぞく》が生《う》み出《だ》した平安文化《へいあんぶんか》とちがい、江戸文化《えどぶんか》は、江戸《えど》の町《まち》に住《す》むふつうの人《ひと》たちから生《う》まれました。あまりお金《かね》はないけれど、まずしさをじょうだんとシャレでふきとばす「粋《いき》」な文化《ぶんか》。それが、江戸文《えどぶん》化《か》です。

ダジャレかんばんが、あちこちに

さて、このかんばん。いったい、何《なん》のお店《みせ》でしょう。

「わ」が「いた」に書《か》かれ、うらには「ぬ」の文字《もじ》。今《いま》はえいぎょう中《ちゅう》だから「わ」で、お店《みせ》をしめると「ぬ」になります。こんなおもしろいかんばんが、町中《まちじゅう》にあったようです。

おしばいも大人気《だいにんき》

「歌舞伎《かぶき》」や「狂言《きょうげん》」などのおしばいの役者《やくしゃ》は、まるで、今《いま》のアイドルのように大人気《だいにんき》。写真《しゃしん》がなかったこの時代《じだい》は、役者《やくしゃ》のにがおえが飛《と》ぶように売《う》れていました。

算数《さんすう》が大《だい》ブーム?

なんと江戸時代《えどじだい》には算数《さんすう》がブームになりました。「和算《わさん》」とよばれ、数字《すうじ》をつかったパズルゲームのようなものでした。ためしに一問《いちもん》やってみましょう。

260年《ねん》のれきしが終《お》わるとき

楽《たの》しげな江戸《えど》時代《じだい》ですが、楽《たの》しいだけではありません。

幕府《ばくふ》はつねにお金《かね》がなく、そのたびに税金《ぜいきん》が上《あ》がり、くろうしていた時代《じだい》でもあります。

江戸《えど》文化《ぶんか》は、このくろうを楽《たの》しさでふきとばそう、という考《かんが》えで生《う》まれたともいえます。

それでも、ひっしにがんばってきた幕府《ばくふ》でしたが……。

終《お》わりは、とうとつにやってきます。

え？ 何《なに》がおこったの？

アメリカから、すさまじく大《おお》きな黒《くろ》いふねが、とつぜんやってきたのです。このふねに乗《の》っていたアメリカ人《じん》のペリーは、幕府《ばくふ》に言《い》います。

「開国《かいこく》しなさい」

開国《かいこく》とは?

開国《かいこく》とは「もっと多《おお》くの外国《がいこく》と交流《こうりゅう》しろ」ということ。アメリカのふねは「黒船《くろふね》」とよばれ、おそれられました。こんな大《おお》きなふねを作《つく》るぎじゅつのなかった日本《にほん》は、ようやく、日本《にほん》の文明《ぶんめい》が外国《がいこく》よりおくれていると気《き》づきました。

こんな文明《ぶんめい》の進《すす》んだ国《くに》と戦争《せんそう》になったら、日本《にほん》はすぐに負《ま》けてしまう。

そう考《かんが》えた幕府《ばくふ》は、アメリカの言《い》うとおりに、開国《かいこく》しようとします。しかし、幕府《ばくふ》のはんだんを多《おお》くの人《ひと》が、みとめませんでした。

「そんなことをしたら、日本《にほん》は、アメリカの言《い》いなりになって、ボロボロにされてしまう」

「もう、これ以上《いじょう》、幕府《ばくふ》に日《に》本《ほん》をまかせることはできない!」

この思《おも》いが、全国《ぜんこく》のわかい人《ひと》たちで広《ひろ》がり、時代《じだい》をかえた1つの流《なが》れ「明治維新《めいじいしん》」へとつながるのです。

れきしの
ふしぎ

それで、日本《にほん》はどうなったの？

明治維新《めいじいしん》によって、日本《にほん》はふたたび大《おお》きくかわります。

この時代《じだい》について知《し》っておくことは、とても大切《たいせつ》です。なにしろ、幕末《ばくまつ》から明治《めいじ》の時代《じだい》は、戦国時代《せんごくじだい》とかたをならべて人気《にんき》のある時代《じだい》。マンガにゲームにドラマに映画《えいが》。ありとあらゆるところに明治維新《めいじいしん》をあつかった作品《さくひん》があります。ですから、みんなもこれから一度《いちど》は、明治維新《めいじいしん》をあつかった作品《さくひん》を見《み》ることになるでしょう。

そのとき、もっと作品《さくひん》を楽《たの》しめるように、今《いま》のうちに明治維新《めいじいしん》について、知《し》っておきましょう。

いそげ! 日本《にほん》の近代化《きんだいか》

明治維新《めいじいしん》は、日本《にほん》をヨーロッパやアメリカに負《ま》けない国《くに》にするため、幕府《ばくふ》という古《ふる》い国《くに》のしくみをこわして、新《あたら》しい国《くに》のしくみを作《つく》る戦《たたか》いでした。

明治維新《めいじいしん》これだけはおさえとけ。

主人公《しゅじんこう》はわかものたち

幕府《ばくふ》をたおそうと立《た》ち上《あ》がった「維新志士《いしんしし》」は、みんなより少《すこ》し年上《としうえ》、今《いま》なら高校生《こうこうせい》や大学生《だいがくせい》くらいの年《とし》の人《ひと》たちが中心《ちゅうしん》でした。このわかい力《ちから》が、新《あたら》しい日本《にほん》を生《う》み出《だ》したのです。

ほかにもヒーローもりだくさん

この時代《じだい》には、たくさんのみりょくある人《ひと》たちが登場《とうじょう》し、明治維新《めいじいしん》に花《はな》をさかせています。いったい、どんな人《ひと》たちがいたのでしょう?

それは、次《つぎ》のページで。

日本《にほん》はどうなる？ ヒーローバトル！

明治維新《めいじいしん》は、幕府《ばくふ》が終《お》わるかのこるかという、二《ふた》つに一《ひと》つの戦《たたか》いでした。
けれどもさいごは、話《はな》し合《あ》いによって決《き》められたのも
明治維新《めいじいしん》の大《おお》きなとくちょうです。

幕府SIDE

松平慶永《まつだいらよしなが》

「幕末《ばくまつ》の四賢侯《しけんこう》」とよばれたゆうしゅうな人《ひと》。鎖国《さこく》をやめ開《かい》国《こく》したほうがよいと考《かんが》えていた。

徳川慶喜《とくがわよしのぶ》

徳川《とくがわ》15代《だい》将軍《しょうぐん》。維新志士《いしんしし》にたいこうすべく、強力《きょうりょく》なぶきをつかうヨーロッパ式《しき》の軍《ぐん》を作《つく》る。

山内豊信《やまうちとよしげ》

土佐藩《とさはん》（今《いま》の高知《こうち》県《けん》）藩主《はんしゅ》。
幕府《ばくふ》が天皇《てんのう》に政治《せいじ》をするけんりを返《かえ》す「大政奉還《たいせいほうかん》」の知《ち》恵《え》を将軍《しょうぐん》にさずけた。

勝海舟《かつかいしゅう》

世界《せかい》の広《ひろ》さと強《つよ》さを知《し》り、日本《にほん》が外国《がいこく》と戦争《せんそう》しても勝《か》てないことをだれよりも早《はや》くみぬいていた。

岩倉具視《いわくらともみ》

天皇《てんのう》の力《ちから》を世《よ》にしめすために力《ちから》をつくす。維新後《いしんご》は多《おお》くの鉄道《てつどう》をしき、その路線《ろせん》は今《いま》でも受《う》けつがれている。

近藤勇《こんどういさみ》

土方歳三《ひじかたとしぞう》

新撰組《しんせんぐみ》

近藤勇《こんどういさみ》を局長《きょくちょう》、土方歳三《ひじかたとしぞう》を副長《ふくちょう》とし、多《おお》くの維新志士《いしんしし》が集《あつ》まる京都《きょうと》の町《まち》を守《まも》っていた。

倒幕 SIDE

高杉晋作《たかすぎしんさく》

幕府《ばくふ》との戦《たたか》いに勝《か》ち、幕府《ばくふ》に力《ちから》がないことをしめした。「おもしろき、こともなき世《よ》をおもしろく」

Evolution
木戸孝允《きどたかよし》

明治維新後《めいじいしんご》、名前《なまえ》をかえて政治家《せいじか》になり、日本《にほん》のせいどのきほんを作《つく》る。

桂小五郎《かつらこごろう》

進《すす》んだ外国《がいこく》のように日本《にほん》を生《う》まれかわらせようと、きけんをかえりみず行動《こうどう》した。

Evolution
西郷隆盛《さいごうたかもり》(明治《めいじ》)

明治《めいじ》になり、しごとがなくなった武士《ぶし》たちにかつぎあげられ、戦争《せんそう》をおこしてしまう。

西郷隆盛《さいごうたかもり》

自《みずか》ら問題《もんだい》の中心《ちゅうしん》に入《はい》ってかいけつしていくどきょうをもった人《ひと》。多《おお》くの人《ひと》にそんけいされていた。

Evolution
坂本龍馬《さかもとりょうま》

未来《みらい》の日本《にほん》を考《かんが》えながら走《はし》り続《つづ》けた。日本《にほん》のれきしの中《なか》でとくに人気《にんき》のある人物《じんぶつ》のひとりともいわれる。

坂本龍馬《さかもとりょうま》(少年《しょうねん》)

土佐藩《とさはん》(今《いま》の高知県《こうちけん》)に生《う》まれた少年《しょうねん》。勉強《べんきょう》がにがてで、みんなからバカにされた。

Evolution
陸奥宗光《むつむねみつ》(明治《めいじ》)

明治《めいじ》になり外務大臣《がいむだいじん》としてかつやく。外国《がいこく》から弱《よわ》い国《くに》と思《おも》われていた日本《にほん》のイメージをかえた。

伊達陽之助《だてようのすけ》

坂本龍馬《さかもとりょうま》の海援隊《かいえんたい》に参加《さんか》したり、桂小五郎《かつらこごろう》、西郷隆盛《さいごうたかもり》などとも交流《こうりゅう》をもつ。

Evolution
板垣退助《いたがきたいすけ》(明治《めいじ》)

ふつうの人《ひと》も政治《せいじ》に参加《さんか》できるようにする自由民権運動《じゆうみんけんうんどう》をおこす。

板垣退助《いたがきたいすけ》

身分《みぶん》の差《さ》がはげしかった、土佐藩《とさはん》で、下《した》の身分《みぶん》の人《ひと》ともわけへだてなくつきあっていた。

このあとのれきしは、どうなるの？

幕府《ばくふ》は、「もし今《いま》、維新志士《いしんしし》と幕府《ばくふ》で大《おお》きな戦《たたか》いがおこったら、そのすきに日本《にほん》はアメリカにうばわれる」と考《かんが》え、政治《せいじ》をするけんりを天皇《てんのう》に返《かえ》す「大政奉還《たいせいほうかん》」をおこないました。このとき徳川家《とくがわけ》はひそかに「維新志士《いしんしし》のいきおいがおさまったあと、新《あたら》しい政府《せいふ》で政治《せいじ》をおこなおう」ともくろんでいたのですが、じっさいにはうまくいきませんでした。こうして徳川家《とくがわけ》の江戸幕府《えどばくふ》

は、ほろびたのです。

そして時代《じだい》は、江戸《えど》から明治《めいじ》へとかわります。まず、大《おお》きくかわったのが政治《せいじ》。これまでの政治《せいじ》は、大名《だいみょう》や天皇《てんのう》の子《こ》どもなどしかおこなえませんでしたが、明治《めいじ》時代《じだい》からは国民《こくみん》が政治家《せいじか》をえらぶ「民主主義《みんしゅしゅぎ》」という、今《いま》の日本《にほん》と同《おな》じしくみができあがっていくのです。

ここで、日本《にほん》のれきしは終《お》わりです。

もちろん、日本《にほん》という国《くに》は、まだまだ続《つづ》きますが、このあとは、日本《にほん》だけでなく世界《せかい》がかんけいしてくるため、「世界《せかい》史《し》」と言《い》ってもいいでしょう。

だから、日本《にほん》のれきし、「日本史《にほんし》」は、とりあえずここまで。次《つぎ》のページからは、これまでの日本史《にほんし》でしょうかいしきれなかった、さまざまな文化《ぶんか》についてお話《はな》ししていきます。

Qing vs Japan
Russia vs Japan
研鑽、歓喜の
明治時代

World War I
イギリス
ロシア
ドイツ
フランス
オーストリア
イタリア
混乱の
大正時代

そして苦難 絶望…
China vs Japan
World War II

Dead or Alive?
JAPAN
はたして
日本は生きのこれるか?

文《ぶん》化《か》のふしぎ

むかしの人《ひと》は、どんなおしゃれをしていたの？

たとえば、１万年以上《まんねんいじょう》も前《まえ》のおはかから、耳《みみ》かざりやうでわなどのアクセサリーが見《み》つかっています。それくらい、おしゃれと人《ひと》は、切《き》っても切《き》れないかんけいだったわけです。

ただし、時代《じだい》によって流行《りゅうこう》はかわります。

どのようにかわっていったのでしょう？

1600年前《ねんまえ》

～古《こ》ふん時代《じだい》～

大《おお》きな石《いし》をつかった耳《みみ》かざり、ペンダント、うでわ…。ふわりとしたロングスカートをひもでまとめて。トレンドは、あざやかな顔《かお》のけしょうと、ゆるいおだんごヘアスタイル。

こせいてきな
かざりで、
神《かみ》さまにもアピール

1000年前《ねんまえ》

～平安時代《へいあんじだい》～

自分《じぶん》の身長《しんちょう》より長《なが》いスーパーロングヘアがおやくそく! 顔《かお》はおしろいでまっ白《しろ》に。超《ちょう》かさね着《ぎ》スタイル「十二単《じゅうにひとえ》」でこせいを出《だ》して。おしゃれで戦《たたか》う! それが平安女子《へいあんじょし》。

色合《いろあ》わせで、センスの
よさを見《み》せつけて

200年前《ねんまえ》

～江戸時代《えどじだい》～

だれもがおしゃれを楽《たの》しめる、それが江戸《えど》。もめんの着物《きもの》に、帯《おび》やかんざしなどの小物《こもの》で、さりげなくポイントを。けっこんしたら歯《は》を黒《くろ》くする、定番《ていばん》おしゃれもおさえておきたい。

もう、おしゃれは
お金持《かねも》ちだけの
ものじゃない!

400年前《ねんまえ》

～安土桃山時代《あづちももやまじだい》～

いつ国《くに》がなくなるかわからない戦国時代《せんごくじだい》。にげやすいよう、外出時《がいしゅつじ》の着物《きもの》は動《うご》きやすさがぜったいじょうけん! シンプルな形《かたち》でも、金《きん》や銀《ぎん》のはでなもようで高級《こうきゅう》感《かん》をえんしゅつ。

旅先《たびさき》では、シンプル&《アンド》ラグジュアリーなよそおい

100年前《ねんまえ》

～明治時代《めいじじだい》～

西洋《せいよう》の服《ふく》、りゃくして洋服《ようふく》を着《き》こなせば、モダンガール! みじかいスカートでだいたんに足《あし》を見《み》せても、かざりのついたぼうしと日《ひ》がさで、白《しろ》いはだはキープするよ。

西洋文化《せいようぶんか》が
やってきた時代《じだい》、
おしゃれだって
西洋風《せいようふう》に

日本《にほん》の城《しろ》と外国《がいこく》の城《しろ》は、なにがちがうの？

とのさまが住《す》むような日本《にほん》の城《しろ》と、おとぎ話《ばなし》に出《で》てくるような王様《おうさま》の住《す》む外国《がいこく》の城《しろ》。パッと見《み》た感《かん》じだとぜんぜんちがいますが、意外《いがい》と、にているところも多《おお》いのです。

1000年《ねん》ほど前《まえ》の日本《にほん》の城《しろ》

戦《たたか》いにつかうため、山《やま》の上《うえ》にきずかれた。

700年《ねん》ほど前《まえ》の日本《にほん》の城《しろ》

天守《てんしゅ》

城《しろ》の中心《ちゅうしん》にあるいちばん高《たか》いやぐらで、城《しろ》のシンボル。りっぱだと、とのさまの力《ちから》をじまんできる。

石《いし》がき

城《しろ》を守《まも》るためのかべ。石《いし》をつみあげて作《つく》っている。きれいでじょうぶな石《いし》がきは、まさにプロのわざ。

堀《ほり》

城《しろ》のまわりをほり、水《みず》を流《なが》したもの。てきをかんたんに城《しろ》へ入《い》れないためのくふう。

700年《ねん》ほど前《まえ》の外国《がいこく》の城《しろ》

パラス

城《しろ》の主《あるじ》などが住《す》む場所《ばしょ》。細長《ほそなが》い形《かたち》は地震《じしん》に弱《よわ》いので日本《にほん》の城《しろ》ではほとんど見《み》られない。

村《むら》

外国《がいこく》の戦《たたか》いは、兵士《へいし》だけでなく村人《むらびと》もころされるので、城《しろ》の中《なか》に村《むら》を入《い》れて守《まも》ることもひつようでした。

城壁《じょうへき》

石《いし》で作《つく》られたかべ。

外門《がいもん》

こちらは城《しろ》の入《い》り口《ぐち》。村《むら》もあってたくさん人《ひと》が住《す》んでいるのに門《もん》は小《ちい》さく、数《かず》が少《すく》ない。

やってみよう

お城《しろ》は、日本《にほん》も外国《がいこく》もえらい人《ひと》の住《す》む場所《ばしょ》であり、てきが入《はい》らないよう守《まも》るもの。だからほかにも、てきをたおすしくみがたくさんあります。みんなもお城《しろ》に行《い》ったときは、そのしくみをおとなに聞《き》きながら、自分《じぶん》がお城《しろ》にせめこむ兵士《へいし》の気持《きも》ちになってみましょう。

忍者《にんじゃ》はどんなふうに戦《たたか》うの?

黒《くろ》い服《ふく》にすっぽり身《み》をつつみ、だれにも見《み》つからないように戦《たたか》う人《ひと》。それが忍者《にんじゃ》。忍者《にんじゃ》のれきしは古《ふる》く、今《いま》から1400年《ねん》ほど前《まえ》には、すでにそんざいしていたようです。でも、みんなが思《おも》っている忍者《にんじゃ》と、じっさいの忍者《にんじゃ》は、ずいぶんちがうみたいですよ?

時代劇《じだいげき》などでよく見《み》る忍者《にんじゃ》は?

黒《くろ》ずくめのかっこうで、飛《と》び道《どう》具《ぐ》をつかい、相《あい》手《て》をたおす!
忍法《にんぽう》とよばれる、ふしぎなじゅつをいろいろつかう!
忍法《にんぽう》、雲《くも》がくれのじゅつ!
だれよりもはやく走《はし》り、かべを乗《の》りこえ、剣《けん》のうでも一流《いちりゅう》!

じっさいの忍者《にんじゃ》は?

かっこうはふつう…

てきの国《くに》に忍《しの》びこんで様子《ようす》をさぐるのが、おもなしごと。商人《しょうにん》やおぼうさん、旅人《たびびと》などにへんそうしていました。

家《いえ》にこもって毒薬作《どくやくづく》り…

薬《くすり》にくわしい忍者《にんじゃ》は、薬《くすり》や毒薬《どくやく》を作《つく》るのもだいじなしごとでした。

じょうほうをあやつる

「部下《ぶか》がうらぎっている」とウソを流《なが》すなど、てきをこんらんさせるのも忍者《にんじゃ》のしごと。

じつは、けっこう地味《じみ》だった!

じっさいの忍者《にんじゃ》は、「目立《めだ》たない・なるべく戦《たたか》わない」という、地味《じみ》なそんざいでした。おもなしごとは、てきのじょうほうを集《あつ》めるスパイ活動《かつどう》。でも、いざというときには、戦《たたか》わなくてはいけないので、体《からだ》もしっかりきたえていました。

やといぬしにほうこく

自分《じぶん》のしごとをしっかりほうこくするのも大切《たいせつ》。それによって、国《くに》が大《おお》きく動《うご》くこともありますから。

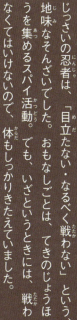

文化《ぶんか》のふしぎ

日本《にほん》にもかいぞくっていたの？

いました。海《うみ》にかこまれた日本《にほん》では、よくふねをつかって荷物《にもつ》を運《はこ》んでいましたが、その荷物《にもつ》をねらい、お金《かね》をうばう人《ひと》たちが出《で》たのです。これが、かいぞくです。戦国時代《せんごくじだい》までは海《うみ》の実力者《じつりょくしゃ》として、大《おお》きな力《ちから》をほこっていました。

はい、ストップ！
ここを通《とお》るなら、
みつぎ物《もの》をおくれよ
いやなら、
おそうぞ！
ドーン！！
は、はい…

かいぞくたちは、なわばりを決《き》め、通《とお》りかかるふねから通行料《つうこうりょう》として、荷物《にもつ》やお金《かね》をとっていました。

その後《ご》、力《ちから》の強《つよ》いかいぞくは大《だい》名《みょう》やえらい人《ひと》たちに注目《ちゅうもく》され、やとわれるようになります。

かれらは「水軍《すいぐん》」とよばれ、戦《たたか》いのときに大《だい》かつやくしたのです。

村上水軍《むらかみすいぐん》

日本一《にほんいち》とよばれたかいぞく。リーダー村上武吉《むらかみたけよし》は、毛利元就《もうりもとなり》などと手《て》を組《く》んだ。

九鬼水軍《くきすいぐん》

リーダー九鬼嘉隆《くきよしたか》は、織田信長《おだのぶなが》にやとわれて土地《とち》までもらい、海賊大名《かいぞくだいみょう》とよばれた。

しかし豊臣秀吉《とよとみひでよし》が天下《てんか》をおさめると、かいぞくは豊臣《とよとみ》の家来《けらい》になるか、かいぞくをやめるか、えらばされました。こうして、日本《にほん》のかいぞくはいなくなりました。

文化《ぶんか》のふしぎ

とのさまは、ふだんなにをしていたの？

えらくてお金《かね》もあるんだから、遊《あそ》びまくっているにちがいない！なんて思《おも》っちゃいますよね。でも、そうでもなかったみたいです。戦国時代《せんごくじだい》が終《お》わって平和《へいわ》になった、江戸時代《えどじだい》の将軍《しょうぐん》のくらしぶりをのぞいてみましょう。

5時《じ》	「小姓《こしょう》」とよばれる、将軍《しょうぐん》のお世話《せわ》をする人《ひと》が「もう～」と声《こえ》を出《だ》して起《お》こします。
8時《じ》	朝食《ちょうしょく》
9時《じ》	勉強《べんきょう》と剣《けん》の訓練《くんれん》。いそがしいときは政治《せいじ》のしごとをします。

実録《じつろく》　とのさまはつらいよ

① いそがしい！

次《つぎ》から次《つぎ》へと政治《せいじ》のしごとや勉強《べんきょう》。運動《うんどう》もできないと家来《けらい》からそんけいされないから、練習《しゅう》もたいへん！

武士《ぶし》のリーダーとして、かんぺきに！

徳川将軍《とくがわしょうぐん》の、ある日《ひ》のタイムスケジュール

12時《じ》
昼食《ちゅうしょく》。いそがしいときは昼食《ちゅうしょく》ぬき!

13時《じ》
みんなで政治《せいじ》のしごと。ひまなときは、馬《うま》や剣《けん》のけいこ。しごとがすんだら自由時間《じゆうじかん》。

17時《じ》
おふろ。体《からだ》をあらったりふいたりするのも、ぜんぶ小姓《こしょう》におまかせ!

18時《じ》
夕食《ゆうしょく》

20時《じ》
自由時間《じゆうじかん》。おくさんたちがいる大奥《おおおく》に行《い》ったり、家来《けらい》と将棋《しょうぎ》をしたり。

23時《じ》
ねる。ひとりでねるときも、おくさんとねるときも、家来《けらい》が近《ちか》くにいます。

② 食事《しょくじ》はしっそ

品数《しなかず》も少《すく》なく、家来《けらい》が毒見《どくみ》してから食《た》べるので、冷《さ》めている。身《み》じたくもしながら食《た》べる。

あたたかいごはんをゆっくり食《た》べたい…

③ ひとりになれない

24時間《じかん》つねに家来《けらい》がそばにいて、トイレも着《き》がえも、ひとりでできない。じつは自由《じゆう》のない生活《せいかつ》。

ふつうの家《いえ》に生《う》まれたかった〜!

もっとつらい! 地方《ちほう》のとのさま

江戸時代《えどじだい》の決《き》まりで、地方《ちほう》の大名《だいみょう》が1年《ねん》ごとに幕府《ばくふ》へおつとめに行《い》く「参勤交代《さんきんこうたい》」。500人《にん》から4000人《にん》もの家来《けらい》と江戸《えど》まで歩《ある》くため、多《おお》くのお金《かね》と時間《じかん》がかかりました。今《いま》のお金《かね》にすると1回《かい》で3億円《おくえん》かかった記録《きろく》も。

柔道《じゅうどう》、書道《しょどう》、茶道《さどう》……。どうして「道《みち》」がつくの？

「道《みち》」という漢字《かんじ》には、「首《くび》（頭《あたま》）を前《まえ》に向《む》けて進《すす》む」という意味《いみ》があり、さらに、なにか1つのことを「きわめる」という意味《いみ》もふくまれています。

なにかをきわめようとするとき、多《おお》くの困難《こんなん》がまちうけています。それらに打《う》ち勝《か》つ心《こころ》をきたえながら、じょうたつしていく。それが道《みち》なのです。

ではいったい、どんな困難《こんなん》がまちうけているのでしょう？

誘惑《ゆうわく》

「ほかにも楽《たの》しいことがあるよ」とさそいにのると、つらいことにもどれなくなり、そこで道《みち》は終《お》わります。

慢心《まんしん》

「うまくできた、オレはすごい」と満足《まんぞく》すると、それ以《い》上《じょう》成《せい》長《ちょう》しません。つねに上《うえ》をめざしましょう。

怠惰《たいだ》

「めんどうくさい」と思《おも》うときもありますが、なまけたい心《こころ》に打《う》ち勝《か》てば、もっと強《つよ》くなれます。

緊張《きんちょう》

ギギ…

やる前《まえ》から「しっぱいするかも…」と思《おも》いこむと、本当《ほんとう》にしっぱいします。いつも心《こころ》はおだやかに。

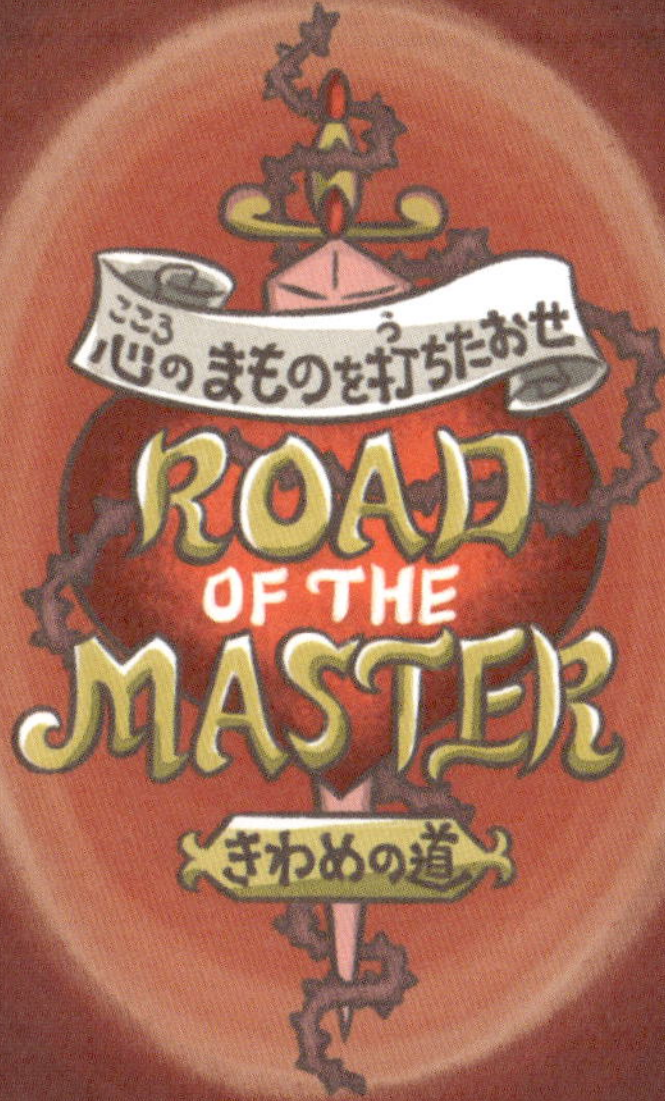
心《こころ》のまものを打《う》ちたおせ
ROAD OF THE MASTER
きわめの道

臆病《おくびょう》

「もうやめたい」「自分《じぶん》にはむりだ」と思《おも》う気持《きも》ちをこらえ、一歩《いっぽ》ふみだす。こうして人《ひと》は成長《せいちょう》します。

嫉妬《しっと》

「あの子《こ》のほうがうまい」とうらやましがったりねたんだりしないほうが、自分《じぶん》のよさが見《み》え、前《まえ》に進《すす》めます。

後悔《こうかい》

「こうすればよかった」と終《お》わったことをくやむより、「今度《こんど》はこうしよう」と反省《はんせい》するほうが大切《たいせつ》です。

神《かみ》さまと仏《ほとけ》さまって、なにがちがうの？

ぜんぜんちがいます。

日本《にほん》の場合《ばあい》、大《おお》むかしから、木《き》や石《いし》や家《いえ》など、あらゆるものに神《かみ》さまが宿《やど》ると信《しん》じられていました。

仏《ほとけ》さまは、仏教《ぶっきょう》を作《つく》った「ブッダ」という人《ひと》のことです。

ちなみに「神社《じんじゃ》」は神《かみ》さまをまつるための場所《ばしょ》、「お寺《てら》」は仏教《ぶっきょう》の教《おし》えを広《ひろ》めるための場所《ばしょ》です。

わたしは
ゴータマ・シッダールタ。
ブッダやシャカとも
よばれているよ。
人《ひと》の生《い》き方《かた》を教《おし》える
仏教《ぶっきょう》をはじめたんだ。
もともと人間《にんげん》さ。
仏

日本《にほん》の神《かみ》のトップは、
わたしアマテラス！

まったくちがう神《かみ》さまと仏《ほとけ》さまですが、仏教《ぶっきょう》が日本《にほん》に来《き》たときは「にたようなもの」と考《かんが》えたため、神社《じんじゃ》とお寺《てら》はどことなく、にたようなふんいきがあり、それが神《かみ》さまと仏《ほとけ》さまのちがいをわかりづらくしているのかもしれません。

神《かみ》さまは、世界《せかい》をつくったりこわしたりできる力《ちから》をもつ、スーパースター。でも、宗教《しゅうきょう》によって神《かみ》さまがちがったり、ちがう宗教《しゅうきょう》でも神《かみ》さまは同《おな》じだったり、いろいろとふくざつです。

同《おな》じ神《かみ》だけど
イスラム教《きょう》では
アッラーと
よばれているよ
インドで生《う》まれた
ヒンズー教《きょう》には、
たくさんの神《かみ》さまがいるけど、
中心《ちゅうしん》はボクたち3人さ。
わたしはこの世界《せかい》を
つくった神《かみ》。
キリスト教《きょう》ではヤハウェと
よばれているよ
ブラフマー
ヴィシュヌ
シヴァ
創造《そうぞう》の神《かみ》
Generate
維持《いじ》の神《かみ》
Operate
破壊《はかい》の神《かみ》
Destroy
神
3人合《にんあ》わせてG《ゴ》・O《ッ》・D《ド》!?

こんなところにも神《かみ》さまが！

日本《にほん》には「八百万《やおよろず》」の神《かみ》さまがいるといわれ、そこらじゅうに神《かみ》さまがいます。ほら、お家《うち》の中《なか》にも、こんなにたくさんの神《かみ》さまがいます。

天石門別神《あまのいわとわけのかみ》
家《いえ》の門《もん》を守《まも》る神《かみ》さま。外《そと》の世界《せかい》から入《はい》りこむわざわいをふせぎます。
屋根神《やねがみ》
屋根《やね》の上《うえ》にまつられたほこらで、家《いえ》の安全《あんぜん》を守《まも》ります。
大戸日別神《おおとひわけのかみ》
げんかんなど家《いえ》の出入《でい》り口《ぐち》を守《まも》ります。
三宝荒神《さんぽうこうじん》
火《ひ》の神《かみ》さまで、台所《だいどころ》で安全《あんぜん》に火《ひ》をつかえるように見守《みまも》っています。
屋敷神《やしきがみ》
庭《にわ》などにまつられたほこらから、家《いえ》の安全《あんぜん》を守《まも》ります。

七福神《しちふくじん》ってなに?

七福神《しちふくじん》は、大《おお》きな宝船《たからぶね》に乗《の》ってしあわせをさずけてくれる7人《にん》の神《かみ》さまです。インドや中国《ちゅうごく》、それに日本《にほん》生まれの神《かみ》さまもいます。大黒天《だいこくてん》と弁財天《べんざいてん》は、七福神《しちふくじん》のメンバーです。

恵比寿《えびす》
寿老人《じゅろうじん》
毘沙門天《びしゃもんてん》
布袋《ほてい》
福禄寿《ふくろくじゅ》

＼ここにもいるよ／
神棚《かみだな》
家《いえ》の中《なか》の神《かみ》さまをまつり、おがむための場所《ばしょ》
和
床《とこ》の間《ま》
神《かみ》さまがすわっている場所《ばしょ》
枕神《まくらがみ》
まくらに宿《やど》り、ねている人《ひと》の夢《ゆめ》の中《なか》にあらわれ、おつげを伝《つた》えます。
大黒天《だいこくてん》
家《いえ》の中心《ちゅうしん》となる柱《はしら》、「大黒柱《だいこくばしら》」にまつられる神《かみ》さまです。
弁財天《べんざいてん》
トイレを守《まも》る、きれいな女神《めがみ》。トイレをきれいにする人《ひと》にしあわせをもたらします。
納戸神《なんどかみ》
物置《ものおき》やクローゼットなどを守《まも》る神《かみ》さまです。
弥都波能売神《みつはのめのかみ》
井戸《いど》など水《みず》に関係《かんけい》する神《かみ》さまで、おふろや洗面所《せんめんじょ》などを守《まも》ります。

妖怪《ようかい》って本当《ほんとう》にいるの？

わかりません。いるかもしれないし、いないかもしれない。それが妖怪《ようかい》です。むかしから「妖怪《ようかい》を見《み》た」「妖怪《ようかい》をつかまえて、みんなに見《み》せた」という人《ひと》はいました。でも、本当《ほんとう》は見《み》たと思《おも》いこんでいるだけだったり、人間《にんげん》が妖怪《ようかい》のフリをしているだけだったりと、多《おお》くの人《ひと》の前《まえ》に妖怪《ようかい》があらわれたことは、まだ、ありません。

というわけで、いったん、妖怪《ようかい》は「いない」ということにしておきましょう。すると、１つ問題《もんだい》が出《で》てきます。「いない」ということは、だれかの手《て》によってつくられた、ということになります。いったい、人間《にんげん》は何《なん》のために妖怪《ようかい》をつくったのでしょう？

こんな理由《りゆう》で妖怪《ようかい》はつくられた

① 物音《ものおと》がした

想像《そうぞう》する ⇐ 妖《よう》怪《かい》になる ⇐

例《れい》…あずきあらい

川原《かわら》に動物《どうぶつ》がいて、音《おと》を立《た》てた。これを妖怪《ようかい》の出《だ》した音《おと》だと思《おも》ったのかもしれません。

② 見《み》まちがえた

妖《よう》怪《かい》になる ⇐

例《れい》…ちょうちんおばけ

夜《よる》がまっくらだったむかしは、古《ふる》い道具《どうぐ》などがおそろしい妖怪《ようかい》に見《み》えたのかも。

③ 守《まも》ってもらいたいことがあった

妖《よう》怪《かい》になる ⇐

例《れい》…あかなめ

きたないふろをなめる妖怪《ようかい》あかなめ。おふろをきれいにしてほしくて生《う》まれたのかもしれません。

④ ふしぎなことがあった

想《そう》像《ぞう》する ⇐ 妖《よう》怪《かい》になる ⇐

例《れい》…すなかけばばあ

科学《かがく》が発達《はったつ》していないむかしは、ふしぎなことはぜんぶ神《かみ》さまや妖怪《ようかい》のせいにしたのかも。

⑤ 願望《がんぼう》があった

想《そう》像《ぞう》する ⇐ 妖《よう》怪《かい》になる ⇐

例《れい》…座敷童《ざしきわらし》

この妖怪《ようかい》が家《いえ》にいれば、しあわせをもたらしてくれる。そう考《かんが》えた人《ひと》もいました。

妖怪《ようかい》にされがちな動物《どうぶつ》たち

身近《みぢか》な野生動物《やせいどうぶつ》といえば、キツネやタヌキ。とつぜん暗《くら》いところからあらわれたり、ふしぎなことがおきたときによく見《み》かけられたりしたため、キツネやタヌキににた妖怪《ようかい》が多《おお》くつくられました。

百鬼夜行《ひゃっきやこう》パレードへようこそ！

いろいろな妖怪《ようかい》が夜中《よなか》に行列《ぎょうれつ》をつくって歩《ある》くことを「百鬼夜行《ひゃっきやこう》」といいます。今夜《こんや》も、たくさんの妖怪《ようかい》が集《あつ》まって、おまつりさわぎになりました。みんなの知《し》っている妖怪《ようかい》はどれくらいいる？

だいだらぼっち
ぼうず頭《あたま》の巨人《きょじん》の妖怪《ようかい》。山《やま》をつくり、足《あし》あとは湖《みずうみ》やぬまになった
雪女《ゆきおんな》
土《つち》ぐも
顔《かお》は人間《にんげん》で、体《からだ》は巨大《きょだい》なクモのすがたをした妖怪《ようかい》
ぬっぺふほふ
目《め》と鼻《はな》と口《くち》がしわと区別《くべつ》できない、大《おお》きな頭《あたま》に手足《てあし》がついた妖怪《ようかい》

九尾《きゅうび》のきつね
千年《せんねん》生《い》きたキツネが妖怪《ようかい》にかわったもので、尾《お》が9つにわかれている
河童《かっぱ》
ひとつ目《め》入道《にゅうどう》
ろくろ首《くび》
ぬえ
頭《あたま》がサル、体《からだ》がタヌキ、尾《お》はヘビ、手《て》足《あし》はトラのすがたをした妖怪《ようかい》
なりがま
やまたのおろち
8つの頭《あたま》としっぽをもつ巨大《きょだい》なヘビのすがたをした妖怪《ようかい》
付喪神《つくもがみ》
人《ひと》が大切《たいせつ》にしている道具《どうぐ》に宿《やど》り、そまつにすると仕返《しかえ》しすることもある

鬼《おに》はどこにすんでいるの?

鬼《おに》という言葉《ことば》には、2つの意味《いみ》があります。

1つは、病気《びょうき》や運《うん》の悪《わる》いことなどをまとめて「鬼《おに》」とよんでいました。

もう1つは、妖怪《ようかい》としての鬼《おに》。人《ひと》をおそう悪《わる》い人《ひと》や外国人《がいこくじん》など、自分《じぶん》ではりかいできない人間《にんげん》も妖怪《ようかい》の鬼《おに》とあつかわれていました。

悪《わる》いこと。そして、妖怪《ようかい》（人間《にんげん》）。

この2つが、鬼《おに》の正体《しょうたい》です。この鬼《おに》たちがどこにすんでいるか、見《み》ていきましょう。

① じごくにすんでいる

じごくをおさめる閻魔《えんま》大王《だいおう》のめいれいで、死《し》んだ悪人《あくにん》に罪《ばつ》をあたえるしごとをしています。

② 山《やま》にすんでいる

町《まち》からにげた人《ひと》や、旅人《たびびと》をおそうとうぞくは、山奥《やまおく》にかくれてくらしました。町《まち》の人《ひと》から見《み》ると、わけのわからない人《ひと》＝鬼《おに》ということで、鬼《おに》はよく山《やま》にすむといわれます。

③ 家《いえ》にすんでいる

節分《せつぶん》で「鬼《おに》は外《そと》」と言《い》いながら豆《まめ》をまくのは、鬼《おに》を家《いえ》の中《なか》に入《い》れないため。病気《びょうき》などを鬼《おに》とよんだことからきているようです。

④ 人《ひと》の心《こころ》にすんでいる

悪《わる》い心《こころ》も鬼《おに》とよばれます。悪《わる》い心《こころ》はだれにでもありますが、心《こころ》の鬼《おに》はふだんねむっています。起《お》こさないように気《き》をつけましょう。

おまけ

公民館《こうみんかん》にもすんでいる?

鬼《おに》が出《で》てくるおまつりがあるときは、公民館《こうみんかん》や神社《じんじゃ》の社務所《しゃむしょ》などから鬼《おに》がやってきます。つまり、ここも鬼《おに》がすんでいる場所《ばしょ》です。

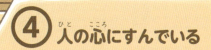

おまつりで、おみこしをかつぐのはなぜ？

「わっしょい、わっしょい！」

おまつりは、神《かみ》さまをまつるためのイベント。だから神社《じんじゃ》でおこなわれます。

おみこしとは、神《かみ》さまの乗《の》り物《もの》です。ふだんはすがたをあらわさない神《かみ》さまも、この日《ひ》ばかりはおみこしに乗《の》りこんで、人々《ひとびと》と交流《こうりゅう》します。

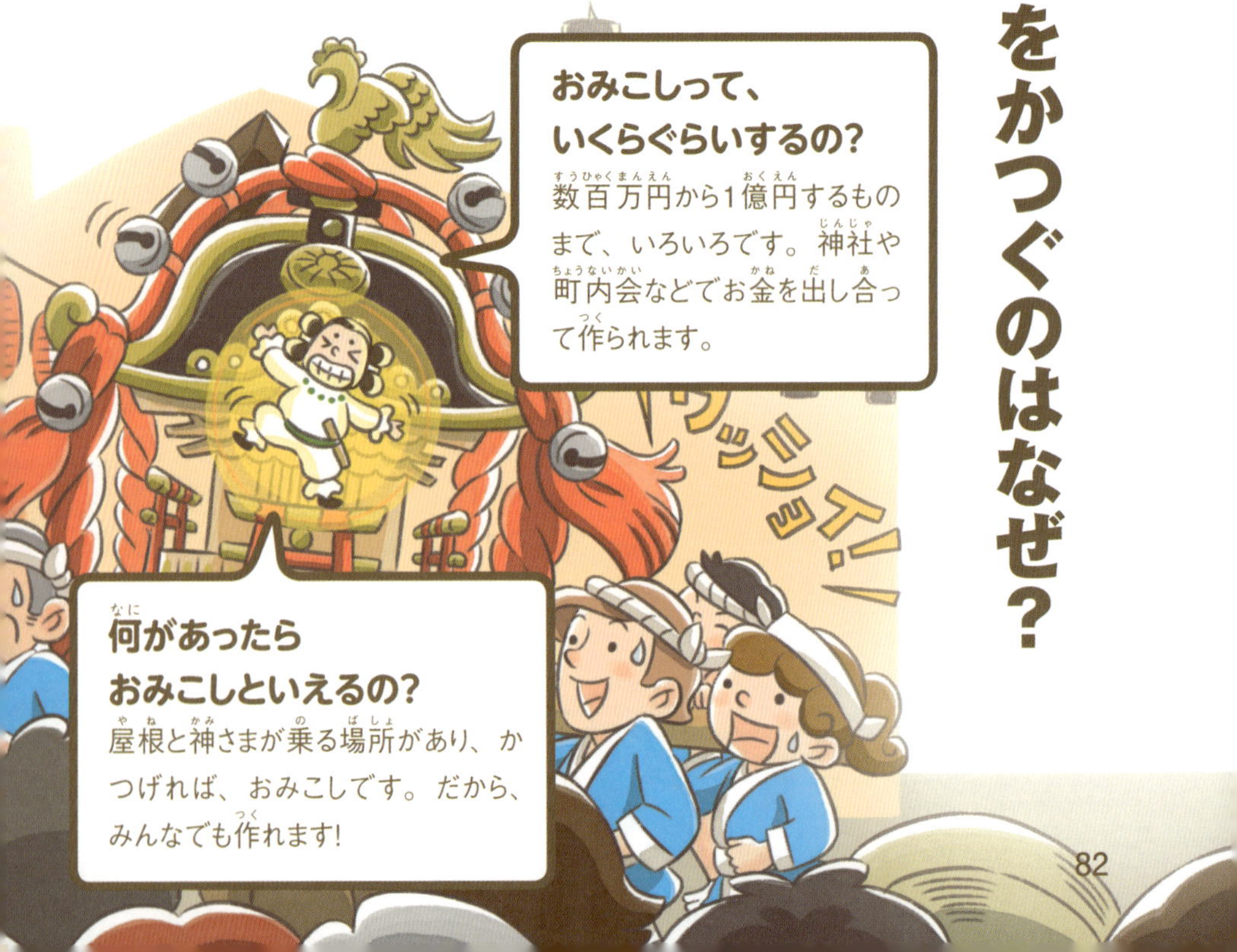

おみこしって、いくらぐらいするの？

数百万円《すうひゃくまんえん》から1億円《おくえん》するものまで、いろいろです。神社《じんじゃ》や町内会《ちょうないかい》などでお金《かね》を出《だ》し合《あ》って作《つく》られます。

何《なに》があったらおみこしといえるの？

屋根《やね》と神《かみ》さまが乗《の》る場所《ばしょ》があり、かつげれば、おみこしです。だから、みんなでも作《つく》れます!

おまつりでは、おみこしをゆり動《うご》かす「魂振《たまふ》り」や、すずやたいこなどのにぎやかな鳴《な》り物《もの》で、神《かみ》さまへのかんしゃの気持《きも》ちをあらわします。すると、神《かみ》さまもよろこんで、パワーアップ！　こうして、みなぎってきたパワーを人々《ひとびと》にわけあたえてくれる、というわけです。

ふだん
おみこしは
どこにあるの?

神社《じんじゃ》や町内会《ちょうないかい》などの、決《き》まった場所《ばしょ》にしまってあります。

なんで「わっしょい」っていうの?

力《ちから》を合《あ》わせて神《かみ》さまをせおう（和《わ》をせおう）、という意味《いみ》があるといわれています。

おみこし
かつぐのって
つらくないの?

おおぜいで力《ちから》を合《あ》わせてかつぐので、そこまで重《おも》く感《かん》じません。町《まち》の中《なか》で、みんなで大声《おおごえ》を出《だ》すのは、とっても楽《たの》しいですよ。

文化《ぶんか》のふしぎ

お正月《しょうがつ》って、なんでいろいろなことをするの？

おせちを食《た》べたり、お年玉《としだま》をもらったり、お正月《しょうがつ》には、イベントがたくさん。また、お正月《しょうがつ》の前《まえ》は、大《おお》そうじをしたり、げんかんをかざったりと、これまたやることがたくさんあります。

じつは、お正月《しょうがつ》の前《まえ》や後《あと》にいろいろなことをするのは、もともと「歳神《としがみ》さま」という神《かみ》さま

ふりだし

正月《しょうがつ》かざり

12月《がつ》13日《にち》ごろから、しめかざりや門松《かどまつ》をおき、歳神《としがみ》さまがやってくるときの目印《めじるし》にします。

もちつき

歳神《としがみ》さまはかがみもちに宿《やど》ります。作《つく》ってあまったおさがりをお正月《しょうがつ》にいただきます。

あがり

かがみびらき

おそなえしていたかがみもちを、1月《がつ》11日《にち》におさがりでいただきます。「切《き》る」だとえんぎが悪《わる》いので、「ひらく」といいました。

むかしのお正月《しょうがつ》も、今《いま》とあまりかわらないですね。1月《がつ》15日《にち》に「どんど焼《や》き」といってお正月《しょうがつ》かざりを焼《や》く行事《ぎょうじ》をすませると、歳神《としがみ》さまは山《やま》へ帰《かえ》り、お正月《しょうがつ》は終《お》わりです。

を家《いえ》によぶためだったのです。

歳神《としがみ》さまは、年《とし》のはじめにあらわれて、1年《ねん》のしあわせをもたらしてくれるステキな神《かみ》さま。

みんなも、しっかりじゅんびをして、お家《うち》に歳神《としがみ》さまとしあわせをよびこみましょう。

大《おお》そうじ

よごれた家《いえ》には、歳神《としがみ》さまもよりつきません。きれいにしておむかえしなくては!

おせち料理作《りょうりづく》り

もとは「お節句料理《せっくりょうり》」といい、それぞれの料理《りょうり》におめでたい名前《なまえ》をつけました。

年《とし》こしそば

12月《がつ》31日《にち》には「長《なが》く生《い》きる」「悪《わる》いえんを切《き》る」といわれるそばを食《た》べます。

初《はつ》もうで

神社《じんじゃ》や寺《てら》へおまいりしはじめたのは100年《ねん》ほど前《まえ》から。むかしは歳神《としがみ》さまをもてなすため家《いえ》ですごしました。

お年玉《としだま》

歳神《としがみ》さまの宿《やど》った丸《まる》いおもちを家族《かぞく》にわけあたえたのがはじまり。やがて、おもちからお金《かね》にかわりました。

正月《しょうがつ》あそび

たこあげ、すごろく、かるたに、福《ふく》わらい! ふだんは会《あ》わないしんせきの子《こ》たちと遊《あそ》べるのも、お正月《しょうがつ》だからこそ!

初夢《はつゆめ》・書初《かきぞ》め

むかしは1月2日《がつふつか》の夜《よる》に見《み》るのが初夢《はつゆめ》でした。書《か》き初《ぞ》めでは、その年《とし》の目標《もくひょう》を書《か》きます。

文化《ぶんか》のふしぎ

さくらは、どうしてきれいなの？

さくらの花《はな》を楽《たの》しむ「お花見《はなみ》」は、なんと千年以上《せんねんいじょう》前《まえ》からおこなわれています。１つの花《はな》でこれほどもりあがる国《くに》は、世界中《せかいじゅう》で日本《にほん》だけです。

つまり、さくらが美《うつく》しいのではなく、日本《にほん》の心《こころ》がさくらを美《うつく》しいと感《かん》じさせているのです。

でも、日本人《にほんじん》が作《つく》りあげた、日本《にほん》らしいけしきとさくらの花《はな》はよくにあっています。もしかしたら、日本人《にほんじん》がこんなにさくらを好《す》きなのは、日本《にほん》のけしきも合《あ》わせて楽《たの》しめる花《はな》だからかもしれません。

琴《こと》や笛《ふえ》の音《ね》

日本《にほん》の楽器《がっき》がかなでる、ゆったりとしたリズムは、風《かぜ》にふかれてまいちるさくらにぴったり。

山《やま》や川《かわ》

くねくねと曲《ま》がった川《かわ》、遠《とお》くに見《み》える山《やま》。そして、川《かわ》ぞいにならんださくら。なんだかむかし話《ばなし》に出《で》てきそう。

神社《じんじゃ》や寺《てら》

木《き》の色《いろ》、鳥居《とりい》の赤《あか》、そして、うすいピンクのさくら。なんだか、しっとりとおごそかな気持《きも》ちになります。

和歌《わか》や文学《ぶんがく》

うつりかわる自然《しぜん》と、ほんのりあたたかくなった心《こころ》。和歌《わか》や日本文学《にほんぶんがく》には、さくらがよくにあいます。

ぜんぶさくらがにあいますよね。どうやら日本人《にほんじん》の好《この》みには、共通《きょうつう》する何《なに》かがあるのかもしれません。

さくらが好《す》きすぎて、心《こころ》がおどってしまうのをあらわした和歌《わか》を、しょうかいしましょう。

世の中に
たえて桜の
なかりせば
春の心は
のどけからまし
在原業平

訳《やく》
ああ、この世《よ》の中《なか》にさくらなんてものがなかったら、のんきに春《はる》をすごせるのにな～

さくらがかなでる恋《こい》のうた

さくらは、日本《にほん》の美《うつく》しさとにあうだけでなく、
恋《こい》する心《こころ》にも、にあっています。
だからわかい人《ひと》、年《とし》を取《と》った人《ひと》、
すべてに人気《にんき》があるのかもしれません。

さく季節《きせつ》がきれい

春《はる》。新《あたら》しいはじまりの季節《きせつ》。
まだ色彩《しきさい》をもたない
さくらの下《した》で
君《きみ》を見《み》つけたとき、
僕《ぼく》は恋《こい》におちていた
のかもしれない。

色《いろ》がきれい

なんだろう?
心《こころ》があたたかいんだ。
君《きみ》を見《み》ていると心《こころ》が
あたたかくなる。
まるで、ほのかに色《いろ》づいた
さくらの花《はな》びらみたい。

集《あつ》まって さいているのが きれい

君《きみ》に話《はな》しかけられたとき、
君《きみ》に見《み》つめられたとき。
満開《まんかい》のさくらを
思《おも》い出《だ》すんだ。
うれしさで心《こころ》がいっぱいに
なるからかな?

ハラハラと 散《ち》りゆく姿《すがた》がきれい

君《きみ》からもらったみじかい手紙《てがみ》。
今度《こんど》は1文字《もじ》ずつ、ゆっくりと読《よ》んでみた。
1つの文字《もじ》を読《よ》むたびに、心《こころ》にさいたさくらの花《はな》が
はらりはらりと落《お》ちていく。
次《つぎ》のさくらがさくまでに、この痛《いた》みが取《と》れればいいな。

こんな感《かん》じで、さくらの姿《すがた》のうつりかわりに、人生《じんせい》のよろこびやはかなさを感《かん》じとる、日本人《にほんじん》どくとくの考《かんが》え方《かた》が、さくらを美《うつく》しく見《み》せているのかもしれません。

伝説《でんせつ》を作《つく》ろう！

じつは、どんな町《まち》にも、むかし話《ばなし》があります。これをさがしだして「新《あたら》しい町《まち》の伝説《でんせつ》」を作《つく》っちゃいましょう。

ようい するもの

- 紙《かみ》
- ノート
- 色《いろ》えんぴつ
- ペン
- カメラ
- テープなど

1 古《ふる》いものをさがす

図書館《としょかん》でしらべたり、神社《じんじゃ》やお寺《てら》などを管理《かんり》している人《ひと》から話《はなし》を聞《き》いたりして、古《ふる》くから伝《つた》わるお話《はなし》をとにかくたくさん集《あつ》めましょう。

おとしよりに聞《き》いたり、町《まち》にくわしい人《ひと》に聞《き》いたりしましょう。

2 れきしをまとめる

しらべた場所《ばしょ》にじっさいに行《い》ってみましょう。そこで聞《き》いた話《はなし》や写真《しゃしん》、地図《ちず》などをノートや大《おお》きな紙《かみ》にまとめます。

しらべた場所《ばしょ》にじっさい行《い》ってみて、わかったことを地図《ちず》などにまとめてみると、考《かんが》えやすくなります。

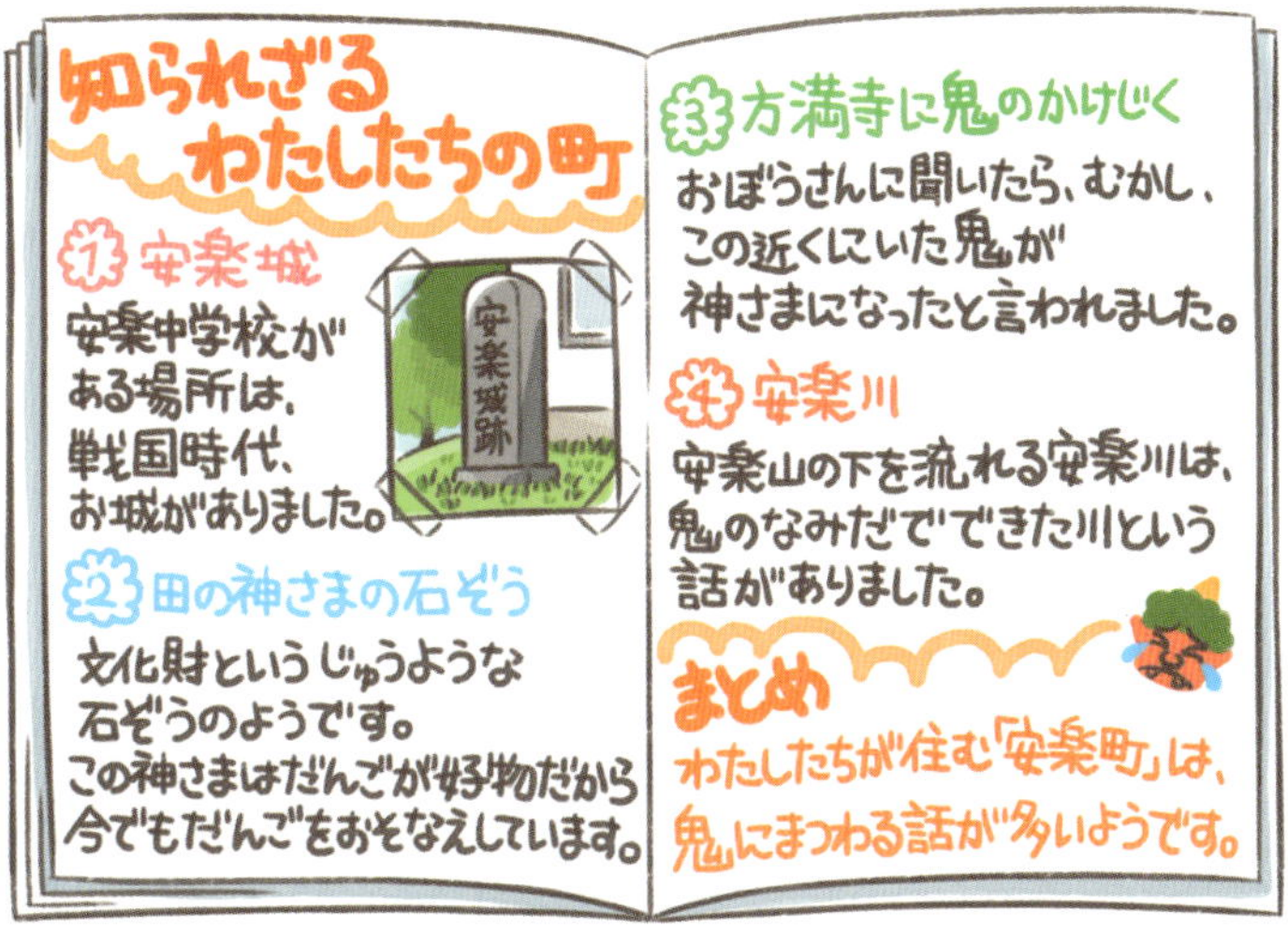

さいきんなら、ケータイをつかって、町《まち》のれきしをきざんだものなどをさがせたりします。

3 物語《ものがたり》を作《つく》る

しらべるだけでもじゅうぶんですが、しらべたことをつかってお話《はなし》を作《つく》ってみましょう。もしかしたら、このお話《はなし》が町《まち》の新《あら》たな伝説《でんせつ》になるかもしれません。

むかし安楽城《あんらくじょう》に、たいそうおてんばなおひめさまが住《す》んでいました。ひめは、お城《しろ》にいるのが大《だい》きらい。今日《きょう》もこっそりお城《しろ》をぬけだします。山《やま》から町《まち》へ向《む》かうとちゅう、ひめは、これまでに見《み》たことのない、大《おお》きなものに出会《であ》いました。

「おれは、鬼《おに》だ。人間《にんげん》をおそって食《た》べてやる」

ひめはびっくりしましたが、こわがらずにこんなことを言《い》います。

「人間《にんげん》なんておいしくありませんよ。ほら、このおだんごを食《た》べてみなさい」

ひめは、お城《しろ》からこっそり持《も》ち出《だ》したおだんごを鬼《おに》にあげました。

「な、なんだこの食《た》べ物《もの》は！　う、うまい」

「どう？　人間《にんげん》はすごいでしょ？　ほかにもおいしいものをいっぱい知《し》っているのよ」

「どうすれば、もっと食《た》べられる？」

「はたらけばいいのよ。その大《おお》きな体《からだ》をいかして、おしろではたらきなさい」

ひめは鬼《おに》をお城《しろ》に連《つ》れて行《い》きました。お城《しろ》の人《ひと》もはじめはおどろいていましたが、鬼《おに》の顔《かお》に少《すこ》しずつなれ、たくさんのしごとを体《からだ》の大《おお》きな鬼《おに》にしてもらい、満足《まんぞく》。鬼《おに》も毎日《まいにち》、おいしいごちそうを食《た》べられて、満足《まんぞく》。でも、そんなしあわせな日々《ひび》は長《なが》く続《つづ》きませんでした。

おひめさまが病気《びょうき》になって死《し》んでしまったのです。鬼《おに》は、なきました。何年《なんねん》も何年《なんねん》もなき続《つづ》け、なみだはいつしか川《かわ》になりました。そしてなみだもかれたころ、鬼《おに》は力《ちから》つき、その川《かわ》にその身《み》をなげてしまったのです。

川《かわ》を流《なが》れる鬼《おに》の死体《したい》を見《み》つけたのは、方満寺《ほうまんじ》のおぼうさんでした。人《ひと》のためになき続《つづ》けた鬼《おに》の顔《かお》は、それはそれは安《やす》らかで、美《うつく》しい顔《かお》になっていました。まるで神《かみ》さまのように。

鬼《おに》のなみだでできた川《かわ》は、今《いま》でも多《おお》くの田《た》んぼを作《つく》っています。だから安楽町《あんらくちょう》の人《ひと》は、お米《こめ》ができるとこの鬼《おに》にかんしゃし、だんごをそなえるのだそうです。

平《へい》和《わ》のふしぎ

日本《にほん》って戦争《せんそう》で負《ま》けたんだよね？

そのとおりです。第二次世界大戦《だいにじせかいたいせん》、太平洋戦《たいへいようせん》争《そう》、アジア・太平洋戦争《たいへいようせんそう》など、いろいろなよばれ方《かた》をしていますが、とにかく日本《にほん》はこの戦争《せんそう》で負《ま》けました。暑《あつ》い暑《あつ》い夏《なつ》の日《ひ》。１９４５年《ねん》８月《がつ》15日《にち》。ラジオから天皇陛下《てんのうへいか》の声《こえ》が聞《き》こえてきました。

それは、日本《にほん》が戦争《せんそう》に負《ま》けたこと
を知《し》らせる声《こえ》でした。

たえがたきをたえ、
しのびがたきをしのび…

いったいどうして、日本《にほん》は戦争《せんそう》を
はじめたのでしょう？

それは、長《なが》いれきしのつみかさねから

どうして、日本《にほん》が戦争《せんそう》をはじめたのか。
それを知《し》るには、
1853年《ねん》までれきしをもどさなくてはいけません。

日本《にほん》が大《おお》きな戦争《せんそう》をおこした年《とし》から、約《やく》100年《ねん》前《まえ》。アメリカから黒船《くろふね》がやってきます。これをきっかけにして、日本《にほん》に大《おお》きな変化《へんか》がおこり、そのあとの戦争《せんそう》の時代《じだい》につながっていくのです。

ドーン

でも、ここから先《さき》のれきしは、少々《しょうしょう》ややこしく、あまりにも説明《せつめい》しなければならないことが多《おお》すぎます。

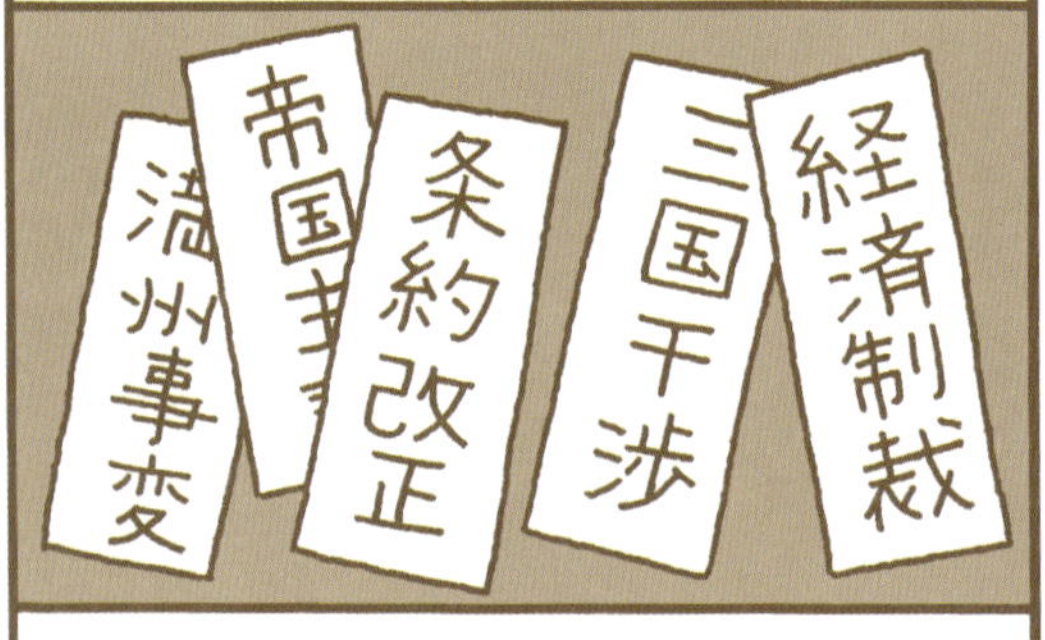
経済制裁
三国干渉
条約改正
帝国
満州事変

そこで?

この世界《せかい》をどうぶつたちの
世界《せかい》にかえてみました。
ここから、日本《にほん》が戦争《せんそう》の時代《じだい》に
入《はい》っていくまでのれきしを
見《み》ていきましょう。

物語《ものがたり》のはじまりは、
黒船《くろふね》がやってきたこと。
つまり、クマが海《うみ》をわたって、
ひよこの土地《とち》にやってきた
ところからはじまります。

ひよこハウス
キッ
ひよこの国《くに》にやってきたクマは、ひよこの国《くに》の代表《だいひょう》と話《はな》しました。
ガオー・C・ペリー
井伊ピヨすけ
これからはおたがいの国《くに》で作《つく》った物《もの》をこうかんしていこう！
でも、きみたちは弱《よわ》いから、おれたちクマがいろいろ決《き》めてあげるよ
えー!?
これに、サインしな！
けいやく書《しょ》
ひよこの国《くに》でクマの国《くに》の物《もの》を売《う》るとき、勝手《かって》にねだん上《あ》げたらダメ。
ぴらっ
なんだか、ひよこの国《くに》にとって悪《わる》いことが書《か》かれている気《き》がしましたが、よくわからないまま、ひよこは、「うん」と言《い》ってしまいました。すると…
おれたちとも、やくそくしようぜ！
オランダ
蘭
露
英
フランス
仏
この話《はな》し合《あ》いが、ほかのどうぶつにも知《し》られ、ひよこは、言《い》いよってきたすべてのどうぶつにたいして、クマと同《おな》じじょうけんで、やくそくをすることになりました。
は、はい…
英
露
日

このことが広《ひろ》まると、ひよこの国《くに》は大《おお》さわぎに。「このままでは、ほかのどうぶつに、この国《くに》が取《と》られてしまう！」と、あらそいがおこります。
ひよこ幕府《ばくふ》VS新ひよこ政府《せいふ》
この問題《もんだい》はわたしたちにまかせなさい！
ピヨピヨ
ピヨピヨ
ピヨピヨ
明治維新
きみたちにはまかせられない！ぼくたちが、国《くに》を新《あたら》しくする！
このあらそいで、ひよこの国《くに》は生《う》まれかわりました。
新《ニュー》ひよこ国《こく》
でも、このやくそくをなんとかしないと、ひよこ国《こく》は大《おお》きくなれない！
ピヨ…
けいやく書
そこでひよこは、となりに住《す》んでいるハムスターの国《くに》に向《む》かって…
ひよこハウス
ハムスターの家
ハムスターの国《くに》でひよこの国《くに》の物《もの》を売《う》るとき、勝手《かって》にねだんを上《あ》げたらダメ！ぼくたちが決《き》める！
ええっ
朝
自分《じぶん》がクマたちにされたのと同《おな》じことをハムスターにしたのです。

ほかの国《くに》が物《もの》のねだんを決《き》める。それって、なにが問題《もんだい》なの？

ここで、いったん、
どうぶつから人間《にんげん》の世界《せかい》にもどそう！
そして、クマとのやくそく、
「ひよこの国《くに》で、クマの国《くに》の物《もの》を売《う》るとき、
勝手《かって》にねだんを上《あ》げたらダメ！」
これがなぜ、長《なが》い戦《たたか》いがはじまる
きっかけになったのか、
説明《せつめい》しよう。

外国《がいこく》の商品《しょうひん》を買《か》い、自分《じぶん》の国《くに》の商品《しょうひん》を外国《がいこく》に売《う》ることを「貿易《ぼうえき》」といいます。貿易《ぼうえき》で外国《がいこく》から買《か》った商品《しょうひん》には「関税《かんぜい》」という税金《ぜいきん》をつけられます。

クマのやくそくにある「勝手《かって》にねだんを上《あ》げたらダメ」というのは、関税《かんぜい》をひよこが自由《じゆう》に決《き》められないということ。これは、どういうことでしょうか。

日本《にほん》へ
1キログラム100円《えん》で
売《う》るよ！

アメリカがもとめてきたのは、この関税《かんぜい》をアメリカが自由《じゆう》につけることでした。こんなやくそくをしたら、日本《にほん》のけいざいはとんでもないことになります。でも、外国《がいこく》のこわさにおびえた日本《にほん》は、このやくそくをせざるをえなかったのです。そのあとで日本《にほん》は、自分《じぶん》たちより弱《よわ》い国《くに》に同《おな》じやくそくをしたのです。

ひよこは、自分《じぶん》たちがクマたちにされたのと同《おな》じことを、弱《よわ》いハムスターにして、国《くに》を強《つよ》くしようとしました。

しかし…。

バーン
お前《まえ》みたいな小《ちい》さなどうぶつが、子分《こぶん》のハムスターをいじめるのは、ゆるさん！
中
おやびん たのんます！
朝

!?

ハムスターには、ライオンという親分《おやぶん》がいたのです。こうして、ライオンとひよこはケンカになってしまいました。

日清戦争
なんの！ひよこ隊出陣！
ピヨ ピヨ
ピヨ
ピヨ
ピヨ
中

ライオンとひよこ。

とうぜん、勝《か》ったのはライオンだと思《おも》いますよね。

でも、勝《か》ったのは、ひよこです。

「え？　なんでひよこがライオンに勝《か》てるの？」

そう思《おも》った人《ひと》も多《おお》いでしょう。

じつは、ライオンは、ほかのどうぶつとケンカしたばかりで、とてもつかれていました。

さらにライオンにはひみつがあり、ひよこに負《ま》けたことでそれがほかのどうぶつにもばれてしまったのです。

それは何《なに》かというと…。

WIN!
ギャース
清（中国）の負け！

そう、みんながライオンだと思《おも》っていたのは、ライオンにへんそうしたネコだったのです！

ライオンが、そこまで強《つよ》くないネコだった。これを知《し》ったどうぶつたちの目《め》は光《ひか》り出《だ》します。「それなら、ネコの土地《とち》を自分《じぶん》のものにできる」

そこでネコの土地《とち》の北《きた》に住《す》むオオカミが、勝《か》ったひよこと負《ま》けたネコのあいだに立《た》ちはだかりました。

この時代《じだい》は、ケンカに勝《か》ったら、その土地《とち》をうばえるのがあたりまえ。でもオオカミは、ひよこからネコの土地《とち》を守《まも》り、そのままネコの土地《とち》に勝手《かって》に入《はい》りこんだのです。

さて、このオオカミの動《うご》きに、ひよこたちはこまりはてました。
オオカミは、ネコをだまして土地《とち》をうばった
次《つぎ》は、きっとハムスターの土地《とち》をうばうだろう
考えるヒヨコ…
その次《つぎ》は、ぼくらの土地《とち》をねらうにちがいない！
ピヨーーーン
こまったひよこは、キツネとクマにそうだんしました。
ねえ、ちょっと、たすけてくれない？
ピヨピヨ
米
英
いいよ。ひよこの国《くに》にはなくなってほしくないし。おうえんするから、オオカミと戦《たたか》いなよ
オオカミに勝《か》てるとは思《おも》えませんでしたが、戦《たたか》うことで「かんたんにはやられないぞ！」という気持《きも》ちを見《み》せられればよい、とひよこは考《かんが》えました。
とりあえず戦《たたか》ってみて、やばくなったらキツネやクマに止《と》めてもらおう

けれども、このケンカのはじめの戦《たたか》いに、ひよこは勝《か》ってしまったのです!

とはいえ、まだまだケンカは、はじまったばかり。でもこのとき、オオカミの国《くに》で、反乱《はんらん》がおきてしまいました。

自分《じぶん》の国《くに》がバタバタしているのに、外国《がいこく》とケンカなんてしていられません。ちょうどひよこも、もうボロボロだったので、ひよこが戦《たたか》いに勝《か》ったじょうたいで、ケンカをやめることになりました。こうして、ひよこは、大《おお》きなオオカミに勝《か》ってしまったのです。

なんだか、ケンカしてばっかりだね

どうして、国《くに》どうしで
ケンカばかりしているのか。
つまり、なぜ戦争《せんそう》ばかりしているのか。
これを説明《せつめい》するために、
もう一度《いちど》、どうぶつの世界《せかい》から
げんじつの世界《せかい》にもどそう。

このころの世界《せかい》は、今《いま》とはちがいます。

イギリス、フランス、アメリカ、ロシアなど、高《たか》い科学力《かがくりょく》をもち、強力《きょうりょく》なぶきをどんどん作《つく》りあげた国《くに》は、弱《よわ》い国《くに》にどんどんせめこみ、その国《くに》を管理《かんり》しました。このようにして、強《つよ》い国《くに》はどんどん自分《じぶん》の土地《とち》をふやしていきました。とくに、イギリスやフランスなどヨーロッパの国《くに》は、この方法《ほうほう》でせっきょくてきに土地《とち》をふやしていました。

こうしてできあがったのが、この時代《じだい》の世界《せかい》です。強《つよ》い国《くに》は弱《よわ》い国《くに》を支配《しはい》していた。いや、弱《よわ》い国《くに》を力《ちから》で支配《しはい》することがあたりまえになっていた。それが、このころの世界《せかい》なのです。外国《がいこく》と交流《こうりゅう》するようになってから、日本《にほん》もこの考《かんが》えをしだいに強《つよ》くしていきました。

「あたりまえ」がちがうと、考《かんが》え方《かた》もガラリとかわります。「なるべく戦争《せんそう》などしないで、平和《へいわ》なほうがいい」そんなふうに考《かんが》えるのは、少《すく》なくとも今《いま》の日本《にほん》ではあたりまえのことだと思《おも》います。

でもこの時代《じだい》は、負《ま》けた国《くに》は、勝《か》った国《くに》に支配《しはい》されるのがあたりまえなので、戦争《せんそう》や平和《へいわ》にたいする考《かんが》え方《かた》も今《いま》とはちがうのです。

どうして強《つよ》い国《くに》は弱《よわ》い国《くに》をせめたのか？

人々《ひとびと》がゆたかにくらすためには、物《もの》とお金《かね》がひつようです。そして当時《とうじ》強《つよ》かったヨーロッパの国《くに》は、もともと土地《とち》が少《すく》なかったので、そのぶん物《もの》もあまり取《と》れませんでした。これが戦争《せんそう》の大《おお》きな理由《りゆう》でした。

戦争《せんそう》に勝《か》った国《くに》は、負《ま》けた国《くに》から土地《とち》をうばいます。土地《とち》には、鉄《てつ》や石油《せきゆ》、宝《ほう》石《せき》など、いろいろなことに利用《りよう》できる「資源《しげん》」があります。負《ま》けた国《くに》の人《ひと》をはたらかせれば、資源《しげん》はこうりつよく手《て》に入《い》れられます。

資源《しげん》がなくても土地《とち》と人《ひと》があれば、作物《さくもつ》は作《つく》れます。こうりつよく大量《たいりょう》の作物《さくもつ》を作《つく》るため、負《ま》けた国《くに》は1つのしゅるいの作物《さくもつ》ばかり作《つく》らされました。これをモノカルチャーといいます。

MONOCULTURE

戦《たたか》いに勝《か》てば、自分《じぶん》たちの国《くに》で足《た》りなかった資源《しげん》も作《さく》物《もつ》も手《て》に入《はい》り、お金《かね》もふやせます。だから強《つよ》い国《くに》は、弱《よわ》い国《くに》にどんどんせめこんでいきました。つまり、戦《たたか》いによって自分《じぶん》たちの国《くに》の強《つよ》さを見《み》せつける時代《じだい》だったのです。

そして日本《にほん》も、弱《よわ》い国《くに》でなく、強《つよ》い国《くに》になりたいと思《おも》っていました。だから日本《にほん》は、外国《がいこく》と戦《たたか》う道《みち》をえらんだのです。

というわけで、
また、どうぶつの世界《せかい》に
もどろう！

ライオン（ネコ）、そしてオオカミとのケンカにも勝《か》ったひよこ。これには、ほかのどうぶつたちもおどろきました。

こうしてひよこは成長《せいちょう》し、世界《せかい》にみとめられました。

ひよこが強《つよ》くなってニワトリになったころ、キツネやワシたちが住《す》んでいるあたりで、大《おお》きなケンカがはじまりました。

このすきにニワトリは、キツネのてきだったワシから近《ちか》くの土地《とち》をうばいました。そしてケンカは終《お》わり、ニワトリがおうえんしていたキツネたちが勝《か》ちました！

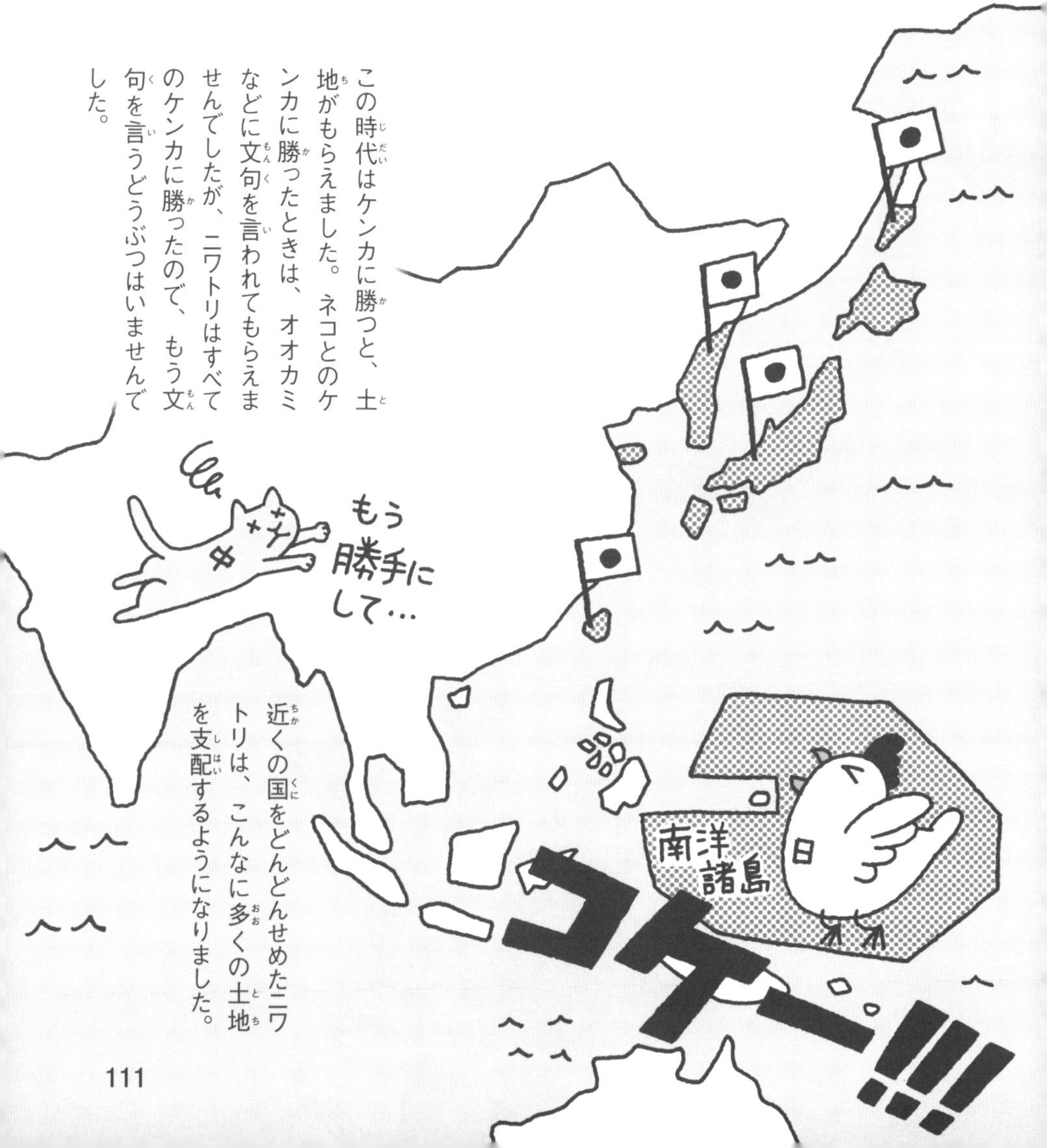

この時代《じだい》はケンカに勝《か》つと、土地《とち》がもらえました。ネコとのケンカに勝《か》ったときは、オオカミなどに文句《もんく》を言《い》われてもらえませんでしたが、ニワトリはすべてのケンカに勝《か》ったので、もう文句《もんく》を言《い》うどうぶつはいませんでした。

近《ちか》くの国《くに》をどんどんせめたニワトリは、こんなに多《おお》くの土地《とち》を支配《しはい》するようになりました。

いっぽう、キツネたちが住《す》んでいる場所《ばしょ》は、多《おお》くのどうぶつがケンカに参加《さんか》したために、もうぼろぼろです。
バタンキューーッ
かろうじて勝《か》ったけど、つかれちゃった
もう、ケンカはやめよう！
そこで平和《へいわ》のために話《はな》し合《あ》うかいぎがおこなわれるようになりました。
どうぶつ連盟発足!!
仏
日
独
しかし平和《へいわ》はおとずれませんでした。それどころか、ふたたび世界《せかい》が2つにわかれる大《おお》ゲンカがはじまったのです。これには、ニワトリも中心《ちゅうしん》になって参《さん》加《か》しました。
ピヨピヨ
弱
コケー
ムキッ
強
ムキッ
じゅんちょうに成長《せいちょう》したニワトリですが、だんだん調子《ちょうし》にのりはじめ、しだいにほかのどうぶつから「ヤバイ」と思《おも》われだします。
ニワトリがこれ以上《いじょう》強《つよ》くなると、おれたちの管理《かんり》する土地《とち》もうばいにくるかもしれない
たしかに。弱《よわ》い国《くに》だからこそおうえんしてきたけど、強《つよ》い国《くに》になっちゃうとねぇ。調《ちょう》子《し》にのってんじゃねぇ、ってかんじ～

あと、あいつら
ネコの土地《とち》もってる
じゃない?
それもよくないよね
わかる。
おれたちだって、
ネコの土地《とち》
ほしいんだよなぁ
英
米
バタン!
そうなんすよ!
ニワトリって、
ヤバイんすよ!
自分《じぶん》たちで
ばくだんを
ばくはつさせて、
おれたちのせいにしたり、
もう、さいあくっす。
マジでなんとか
してくださいよ
中
ふむ…
こうして平和《へいわ》のための話《はな》し合《あ》いのかいぎで、ニワトリがネコの土地《とち》から出《で》たほうがいいか決《き》めることになりました。しかしニワトリにみかたするどうぶつは、いっぴきもいませんでした。
ニワトリは
ネコの土地から
出て行くべき?
バターン!
ちくしょう!
出《で》ていってやる!
松岡
コケスケ
出てけ
出てけ
出てけ
出てけ
出てけ
出てけ
出てけ
イギリス
中国
アメリカ
ドイツ
日本
フランス
オランダ
ロシア
そのままで!!
ニワトリはおこり、そのかいぎから、出《で》ていってしまいました。

日中戦争
多《おお》くのどうぶつからきらわれたニワトリは、ネコとのケンカをはじめます。
ネコめ！よくも！
コケー
にゃにお〜
ポカスカ
このケンカを、クマやキツネは、ニワトリをこらしめるチャンスと思《おも》いました。
コケ…
そういうことをするなら、おれたちは
ニワトリに物《もの》を送《おく》るのをやめる！
じつは、ニワトリの国《くに》は、鉄《てつ》や石油《せきゆ》など、ケンカにひつような物《もの》がぜんぜんとれなかったのです。ほかのどうぶつにたよらなければ、ケンカもできません。
鉄《てつ》や石油《せきゆ》が手《て》に入《はい》らなくなったら、ぶきは作《つく》れない…
ぜったいに負《ま》けてしまう！
あっかんべ〜
中
そして、いま、ニワトリはネコとのケンカのまっさいちゅう。このままでは負《ま》けてしまいます。

おいつめられたニワトリは…。
クマと…
戦《たたか》おう！
このときクマは、世界《せかい》でいちばん強《つよ》いどうぶつで、ニワトリがたくさんの国《くに》を支配《しはい》するのをもっともいやがっていました。
♪〜
あんたがリーダー
うてー！
ドドーン
ドドーン
日
真珠湾攻撃
マレー半島攻撃
米
フィリピン
ニワトリはネコとケンカをしながら、どうぶつのリーダーであるクマとも、ケンカをはじめたのでした。そのけっか…。
このままでは、ニワトリの未来《みらい》はない。しかし、クマと戦《たたか》って勝《か》てば、なんとかなる。むりなちょうせんだが、それしかニワトリが生《い》きのこる道《みち》はない！
ザッパ〜ン…

ニワトリは、クマに大負《おおま》けしたのです。

たえがたきをたえ、しのびがたきをしのび…
長《なが》くなってしまいましたが、こうして日本《にほん》は、戦争《せんそう》に負《ま》けました。

平和《へいわ》の
ふしぎ

戦争《せんそう》っていけないことなのに、どうして戦争《せんそう》するの？

戦争《せんそう》は多《おお》くの人《ひと》をまきこみ、本当《ほんとう》ならにくむひつようのない人《ひと》どうしがにくしみあい、ころしあい、かなしみを生《う》んでしまう。

これらは、戦争《せんそう》さえしなければ、生《う》まれることのないものです。

でも、そんなことはだれもがわかっています。

だれもがわかっているのに、どうして戦争《せんそう》はなくならないのか？

このしつもんに答《こた》えることはできません。

なにしろ、世界《せかい》から戦争《せんそう》をなくすことができた人《ひと》はだれもいないのですから。

でも、今《いま》できないからといって、未来《みらい》もできないというわけではありません。

1つだけ、いえることがあります。

戦争《せんそう》をおこなっているのは人間《にんげん》です。

ですから、戦争《せんそう》を止《と》めることができるのも人間《にんげん》です。

戦争《せんそう》をなくしたい。もし、そう思《おも》うのなら、まずは、どうして戦争《せんそう》がおこってしまったのかをしっかりと考《かんが》えてみましょう。

いろいろな本《ほん》を読《よ》み、いろいろなことを知《し》り、いろいろなことを考《かんが》え、そして、戦争《せんそう》をなくしたいとねがってたくさん勉強《べんきょう》している人《ひと》たちと話《はな》し合《あ》いましょう。これをくりかえせば、世界《せかい》から戦争《せんそう》は消《き》え、かならず平和《へいわ》がおとずれるはずです。

戦争《せんそう》に負《ま》けたあと、日本《にほん》はどうなったの？

戦争中《せんそうちゅう》の日本《にほん》は、戦争《せんそう》のためにある国《くに》でした。下《した》の絵《え》のように、本《ほん》もラジオも町《まち》にあるポスターも、すべて戦争《せんそう》のために作《つく》られていました。そして日本中《にほんじゅう》で戦争《せんそう》にさんせいする空気《くうき》ができていました。

戦争《せんそう》が終《お》わると、アメリカを

中心《ちゅうしん》とした戦争《せんそう》に勝《か》った国《くに》の人々《ひとびと》が日本《にほん》へやってきて、日本《にほん》を新《あたら》しい国《くに》に作《つく》りかえました。憲法《けんぽう》という国《くに》の決《き》まりを新《あたら》しくし、財閥《ざいばつ》とよばれる大《おお》きな会《かい》社《しゃ》のしくみをきんしし、さらに軍隊《ぐんたい》もかいさんさせました。

これらは、二度《にど》と、日本《にほん》が戦《せん》争《そう》をおこさないためのもの。

このあと日本《にほん》の風景《ふうけい》はガラリとかわりました。

守《まも》るも攻《せ》むるも黒鉄《くろがね》の　浮《う》かべる城《しろ》ぞ　頼《たの》みなる
浮《う》かべるその城《しろ》　日《ひ》の本《もと》の皇国《みくに》の四方《よも》を守《まも》るべし
真鉄《まがね》のその艦《ふね》日《ひ》の本《もと》に　仇《あだ》なす国《くに》を　攻《せ》めよかし…
欲しがりません
勝つまでは
一機一艦！
勝ち抜け！
補給決戦に
訓練
訓練

そして、日本《にほん》は生《う》まれかわる

日本《にほん》は、戦争《せんそう》に負《ま》けて、すべてをうしないました。
でも、そのあと、日本《にほん》はいっきによみがえり、
世界《せかい》をおどろかせたのです。

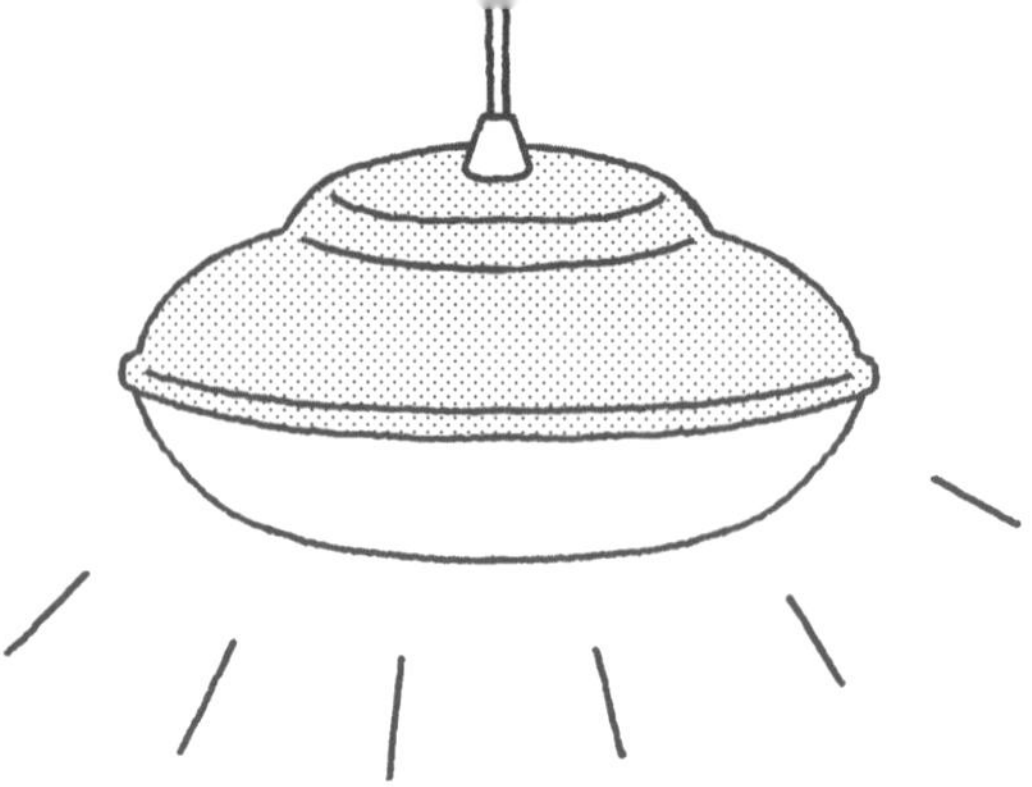

戦争《せんそう》が終《お》わってわずか数年《すうねん》で、日《に》本《ほん》から戦争《せんそう》のにおいはきえました。町中《まちなか》には、商品《しょうひん》のポスターに楽《たの》しいマンガ、映画《えいが》や生活《せいかつ》のためのじょうほうが書《か》かれた本《ほん》などがならぶようになったのです。

どうして、日本《にほん》がいっきによみがえったのか？

それが「ものづくり」によるはってんです。

日本《にほん》は、電気《でんき》をつかって動《うご》く「電化製品《でんかせいひん》」をどんどん作《つく》りました。

その新《あたら》しさとせいのうの高《たか》さは、多《おお》くの国《くに》の人々《ひとびと》によろこばれ、日本《にほん》の電化製品《でんかせいひん》は大人気《だいにんき》になりました。

こうして日本《にほん》は、たくさんのお金《かね》をかせぐことでいっきに成《せい》長《ちょう》したのです。

そもそも、どうして、れきしを知《し》らないといけないの？

この本《ほん》では、日本《にほん》のれきしについてたくさんしょうかいしています。

でも、れきしというのは、かんたんに言《い》ってしまえば、むかしのこと。

今《いま》と未来《みらい》に生《い》きる人《ひと》にとって、むかしのことを知《し》ることはひつようなのでしょうか？

べつに知《し》らなければ知《し》らないで生《い》きていくことはできます。でも、知《し》ることで、けっこういいこともおこるのです。

れきし知り方講座
わしは、玲岸好造《れきしすきぞう》！
れきしマニアじゃ！
まずは、れきしをどうやって知《し》ればいいかを教《おし》えよう

れきしの本《ほん》を読《よ》むと、自分《じぶん》の今《いま》につながることがわかる。れきしを知《し》って得《え》られるいいことの1つじゃ
へえ～
じつは信長はずっと勝っていたばかりではなかったのだ。
この本《ほん》のように、「なんとなく」れきしをしょうかいしている本《ほん》だと、いろいろとぎもんがうかぶはずじゃ
すると、頭《あたま》の中《なか》のれきしが、とぎれとぎれになるんじゃ
どんな気持《きも》ちで戦《たたか》っていたのかな？
ほかの国《くに》はどんな理由《りゆう》で戦争《せんそう》したんだろう？
スタート
ゴール
日本のふしぎ
ぎもんに感《かん》じたことは自分《じぶん》でしらべてみるのじゃ。れきしにはいろいろな考《かんが》え方《かた》があるからな。
すると、だんだんとれきしは、1本《ぽん》の線《せん》になったかのように、つながっていくはずじゃ
道の追加でーす
そうだったのか!!
スタート
ゴール
ちゃんとしたれきしの本
このとき、次《つぎ》のページのようないいことがおこるようになるのじゃ！

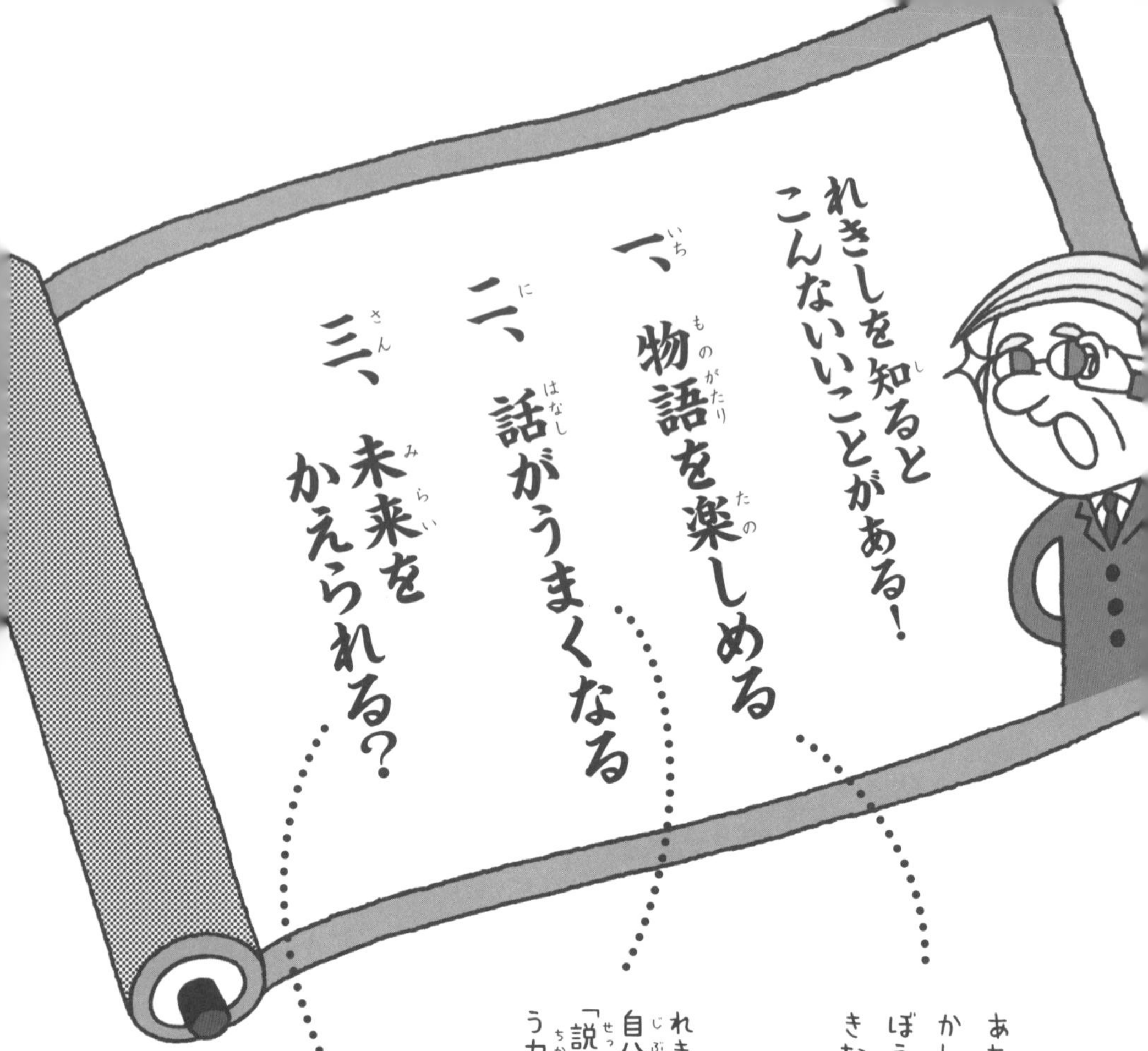
れきしを知《し》ると
こんないいことがある！
一《いち》、物語《ものがたり》を楽《たの》しめる
二《に》、話《はなし》がうまくなる
三《さん》、未来《みらい》をかえられる？

あたりまえの話《はなし》じゃが、れきしというのは、むかし、じっさいにいた人《ひと》たちが作《つく》ったドラマじゃ。ぼうけんの話《はなし》、戦《たたか》いの話《はなし》、恋《こい》の話《はなし》。みんなが好《す》きな話《はなし》も、れきしの中《なか》にあるんじゃぞ。

れきしに登場《とうじょう》する人《ひと》の話《はなし》や考《かんが》え方《かた》を知《し》ることで、自分《じぶん》の考《かんが》えもまとまりやすくなる。そして、「説得力《せっとくりょく》」という、自分《じぶん》の話《はなし》を人《ひと》にわかってもらう力《ちから》が身《み》につくのじゃ。

じつは、人間《にんげん》のれきしは、にたことをくりかえすことが多《おお》いのじゃ。そのため、れきしを知《し》ることで、問題《もんだい》のかいけつさくがわかりやすくなり、よい未来《みらい》を作《つく》りやすくなるのじゃ！

社会《しゃかい》のふしぎ

日本《にほん》にはどんなルールがあるの？

それはそれは、たくさんのルールがあります。そこで、どんなルールがあるのかを知《し》る前《まえ》に、日本《にほん》のルールがどのようなしくみになっているのかを知《し》っておきましょう。

これをもとにして、おまえらの新《あたら》しいルールを作《つく》れ！
U.S.A

こうして作《つく》られたのが、日本国憲法《にほんこくけんぽう》です。憲法《けんぽう》には、ぜんぶで１０３の決《き》まりが書《か》かれていて、これが日本《にほん》のすべてのルールの土台《どだい》となっています。このなかで、とくにだいじな3つをしょうかいします。

基本的人権《きほんてきじんけん》の尊重《そんちょう》

人《ひと》は人《ひと》として生《い》きるけんりがあります。人《ひと》が犬《いぬ》のような生活《せいかつ》をしたり、どれいのように人《ひと》が人《ひと》の持《も》ち物《もの》になったりするようなことはありません。

国民主権《こくみんしゅけん》

国《くに》を動《うご》かす政治《せいじ》のしごとをするのは政治家《せいじか》。でも、政治家《せいじか》をえらぶのは、国民《こくみん》によるせんきょです。つまり、すべては国民《こくみん》が決《き》めているのです。

戦争《せんそう》の放棄《ほうき》

日本《にほん》は戦争《せんそう》をおこすことができません。でも、どこかの国《くに》が日本《にほん》をせめてきたときは、守《まも》ることはできます。

日本《にほん》では、この憲法《けんぽう》を土台《どだい》にして、「法律《ほうりつ》」というより細《こま》かいルールが国会《こっかい》で作《つく》られます。さらに、各都道府県《かくとどうふけん》や地方《ちほう》でも「条例《じょうれい》」というルールが作《つく》られています。

守《まも》ってとうぜんのことも、法《ほう》にしっかり書《か》かれている！

憲法《けんぽう》、法律《ほうりつ》、条例《じょうれい》では、じつにさまざまなことが決《き》められています。
たとえば、守《まも》ってあたりまえのこんなことも
しっかり書《か》かれています。

「人《ひと》を殺《ころ》してはいけない」
刑法第《けいほうだい》199〜203条《じょう》
殺人罪《さつじんざい》
「ぼうりょくを
ふるってはいけない」
刑法第《けいほうだい》204〜208条《じょう》
傷害罪《しょうがいざい》
憲法《けんぽう》が
いちばん強《つよ》い
法《ほう》だな
「人《ひと》の物《もの》をとってはいけない」
刑法第《けいほうだい》235〜245条《じょう》
窃盗罪《せっとうざい》および強盗罪《ごうとうざい》
「人《ひと》をおいこむくらい
ひどい悪口《わるぐち》を
言《い》ってはいけない」
刑法第《けいほうだい》230〜232条《じょう》
名誉毀損罪《めいよきそんざい》
「借《か》りたお金《かね》や物《もの》は
返《かえ》さないといけない」
刑法第《けいほうだい》252〜255条《じょう》
横領罪《おうりょうざい》

違反《いはん》とは、
法《ほう》をやぶること。
法律違反《ほうりついはん》は
ゆるさんぞ！

条例《じょうれい》のなかには、
こんな変《か》わった
決《き》まりもあるよ

ルールを守《まも》らないと、どうなるの？

法律《ほうりつ》にもとづいて決《き》められたルールをやぶることを「罪《つみ》」といいます。罪《つみ》をおかした人《ひと》にはなんらかの「罰《ばつ》」があたえられ、どんな罰《ばつ》をうけるかは罪《つみ》ごとにちがいます。

ではここで、法律《ほうりつ》ができてから、その法律《ほうりつ》をやぶる罪《つみ》をおかし、罰《ばつ》を受《う》けるまでの流《なが》れを見《み》ていきましょう。

まず法律《ほうりつ》が国会《こっかい》で作《つく》られます。作《つく》るのは政治家《せいじか》とよばれる国会《こっかい》議員《ぎいん》たちです。

さんせい！
いいぞ
Yourtubu《ユァチューブ》は子《こ》どもに悪《わる》いえいきょうをあたえている！
新《あたら》しい法律《ほうりつ》を作《つく》らなくては！

子《こ》どもYourtubu《ユアチューブ》禁止法《きんしほう》
健全《けんぜん》な青少年育成《せいしょうねんいくせい》のため、小学生《しょうがくせい》以下《いか》の児童《じどう》はインターネット動画配信《どうがはいしん》サイトYourtubu《ユアチューブ》の視聴《しちょう》、投稿《とうこう》を禁止《きんし》する。これに違反《いはん》したものは、懲役《ちょうえき》もしくは禁錮《きんこ》10年《ねん》、または50万円《まんえん》以下《いか》の罰金《ばっきん》に処《しょ》す。
成立
もちろん、じっさいにこんな法律《ほうりつ》はありませんが、こんなふうに法律《ほうりつ》は国会《こっかい》で作《つく》られていきます。法律《ほうりつ》をやぶり罪《つみ》をおかしたとき、さいだいでどれくらいの罰《ばつ》をあたえるかも、ここで決《き》められます。
おや? きみたち… Yourtubu《ユアチューブ》見《み》てるね
けいさつまで来《き》てもらおうか
つかまってしまいました…。さて、このあとどうなるのでしょう?
…

つかまってからが、さらにたいへんなんです……

こうして、たいほされてしまった子《こ》ども。でも、ここからさらにたいへんなことが続《つづ》くのです。

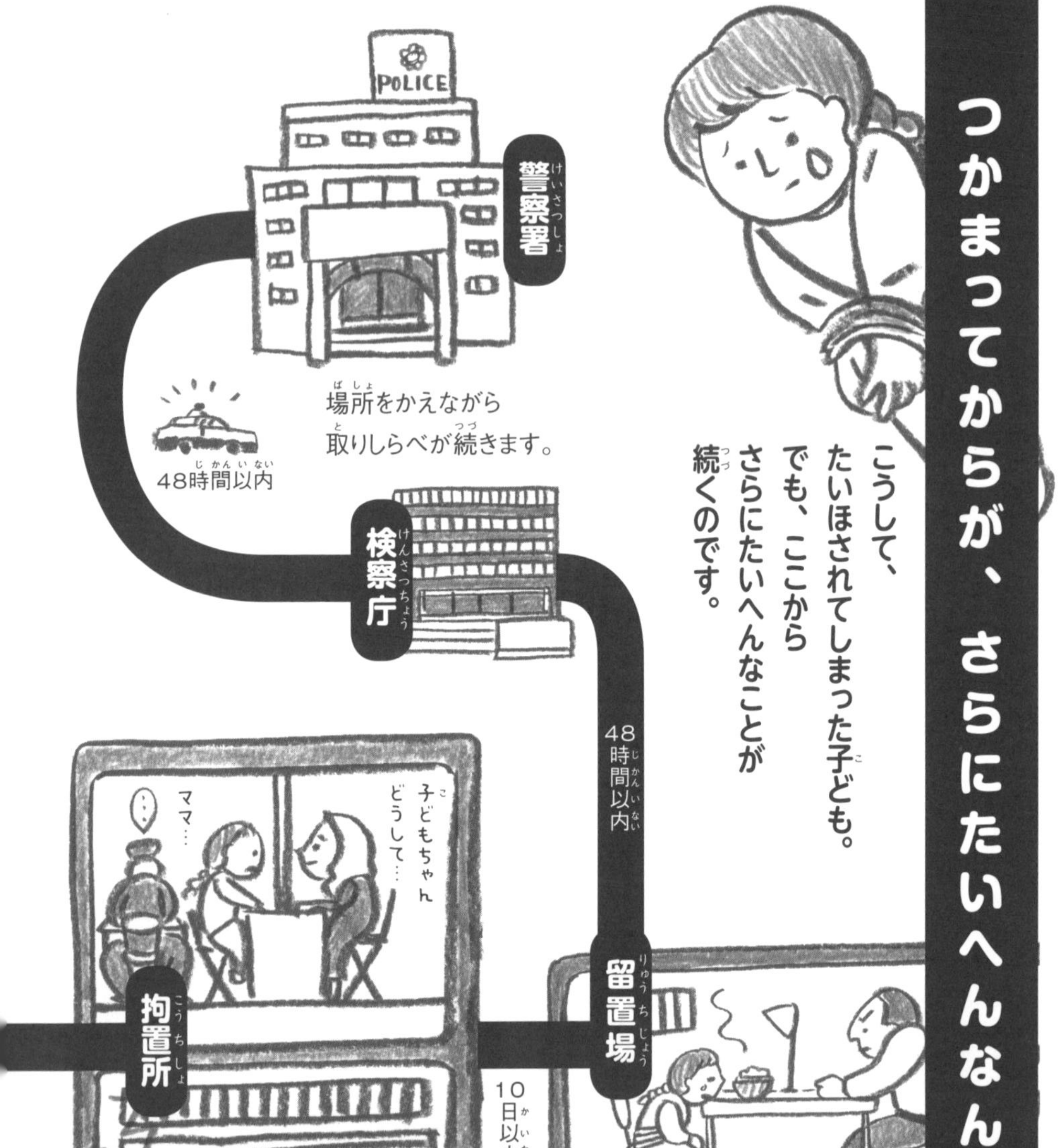

場所《ばしょ》をかえながら取《と》りしらべが続《つづ》きます。

いつ、どこで、どんな感《かん》じで、どんな気持《きも》ちで、何《なに》をしたのか、などなど。毎日《まいにち》、とにかく、細《こま》かく、いやになるくらい、いろいろなことを聞《き》かれます。

その後《ご》、「拘置所《こうちしょ》」で裁判《さいばん》が終《お》わるまで何日《なんにち》もすごします。拘置所《こうちしょ》の別《べつ》の部屋《へや》には死刑《しけい》が決《き》まった人《ひと》も入《はい》っています。

刑務所《けいむしょ》

よく法律《ほうりつ》に書《か》かれている「禁錮《きんこ》」という言葉《ことば》は、ある期間《きかん》、刑務所《けいむしょ》に入《はい》る罰《ばつ》のこと。「懲役《ちょうえき》」は、刑務所《けいむしょ》でしごとをさせられる罰《ばつ》のことです。どちらも刑務所《けいむしょ》で何年《なんねん》もくらしながら、罪《つみ》をつぐないます。子《こ》どもは、ふつう留置場《りゅうちじょう》ではなく「少年《しょうねん》鑑別所《かんべつしょ》」、刑務所《けいむしょ》ではなく「少年院《しょうねんいん》」に行《い》きます。ただし重大《じゅうだい》な罪《つみ》の場合《ばあい》は、おとなと同《おな》じようにさばかれます。

反省《はんせい》しているようですし、禁錮《きんこ》5年《ねん》でおねがいします
懲役《ちょうえき》10年《ねん》だ！
裁判所《さいばんしょ》
何度《なんど》も往復《おうふく》

法律《ほうりつ》で決《き》められた罰《ばつ》は、さいだいの罰《ばつ》です。そこで裁《さい》判《ばん》で、どのように罪《つみ》をおかしたかをはんだんし、罰《ばつ》をへらせるか、決《き》めていきます。

これが罪《つみ》と罰《ばつ》の流《なが》れです。かんたんに説明《せつめい》しましたが、じっさいは、もっとたいへんです。法律《ほうりつ》をやぶるのは、かんたんですが、あとのたいへんさとまわりへのめいわくを考《かんが》えると、法律《ほうりつ》を守《まも》ったほうがぜったいにいいので、みんなもルールをしっかり守《まも》って生活《せいかつ》しましょう。

社会《しゃかい》の
ふしぎ

おとなになると、はたらかなきゃだめなの？

まずは、こちらをごらんください。

憲法《けんぽう》 第《だい》27条《じょう》

すべて国民《こくみん》は、勤労《きんろう》の権利《けんり》を有《ゆう》し、義務《ぎむ》を負《お》う。

賃金《ちんぎん》、就業《しゅうぎょう》時間《じかん》、休息《きゅうそく》その他《た》の勤労《きんろう》条件《じょうけん》に関《かん》する基準《きじゅん》は、法律《ほうりつ》でこれを定《さだ》める。

児童《じどう》は、これを酷使《こくし》してはならない。

ちょっと、わかりづらいですよね。

わかりやすくすると、こうなります。

すべての日本人《にほんじん》は、はたらくことができ、

また、はたらかなくてはならない。

もらえるお金《かね》、はたらく時間《じかん》、休《やす》み時間《じかん》などは、

法律《ほうりつ》で決《き》められ、それを守《まも》らなくてはならない。

子《こ》どもは、むりやりはたらかせてはいけない。

つまり、子《こ》どもはむりにはたらかなくてもいいけど、おとなになったらみんな、はたらかなくてはいけないのです。日本《にほん》ではこれが国《くに》の土台《どだい》となるルール、憲法《けんぽう》で決《き》められています。

「はたらくってたいへんそう」

そう思《おも》うかもしれません。たしかに、はたらくことはたいへんです。でも、はたらいていると楽《たの》しいこともたくさんあります。お金《かね》がもらえる、いろいろな人《ひと》と知《し》り合《あ》える、これまで知《し》らなかったことがわかる、本気《ほんき》ではたらくことでどんどん成長《せいちょう》する自分《じぶん》に出会《であ》える。ほかにも、たくさんの楽《たの》しいことがまっています。

みんなはまだ、これからの生《い》き方《かた》しだいで、どんなしごとでもえらべます。だから今《いま》は、なるべくたくさんのしごとを知《し》り、自分《じぶん》が楽《たの》しいと思《おも》えそうなしごとをさがしてみましょう。

税金《ぜいきん》ってなに？

この本《ほん》でも、ここまでに何度《なんど》も「税金《ぜいきん》」という言葉《ことば》が出《で》てきましたが、いったい、税金《ぜいきん》とはなんでしょう？

かんたんにいってしまえば、税金《ぜいきん》とは、国《くに》におさめるお金《かね》のこと。

国《くに》を動《うご》かすには、ものすごくたくさんのお金《かね》がひつようです。

たとえば、ほら、この町《まち》にも国《くに》はたくさんのお金《かね》をつかっています。

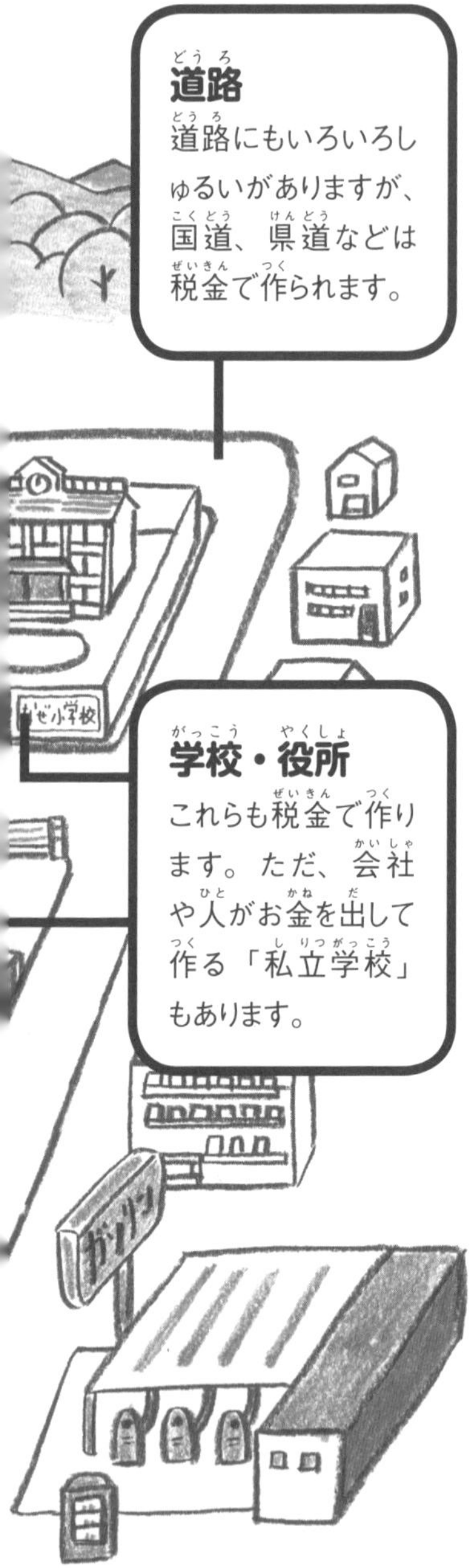
道路《どうろ》
道路《どうろ》にもいろいろしゅるいがありますが、国道《こくどう》、県道《けんどう》などは税金《ぜいきん》で作《つく》られます。
学校《がっこう》・役所《やくしょ》
これらも税金《ぜいきん》で作《つく》ります。ただ、会社《かいしゃ》や人《ひと》がお金《かね》を出《だ》して作《つく》る「私立学校《しりつがっこう》」もあります。
ガソリン

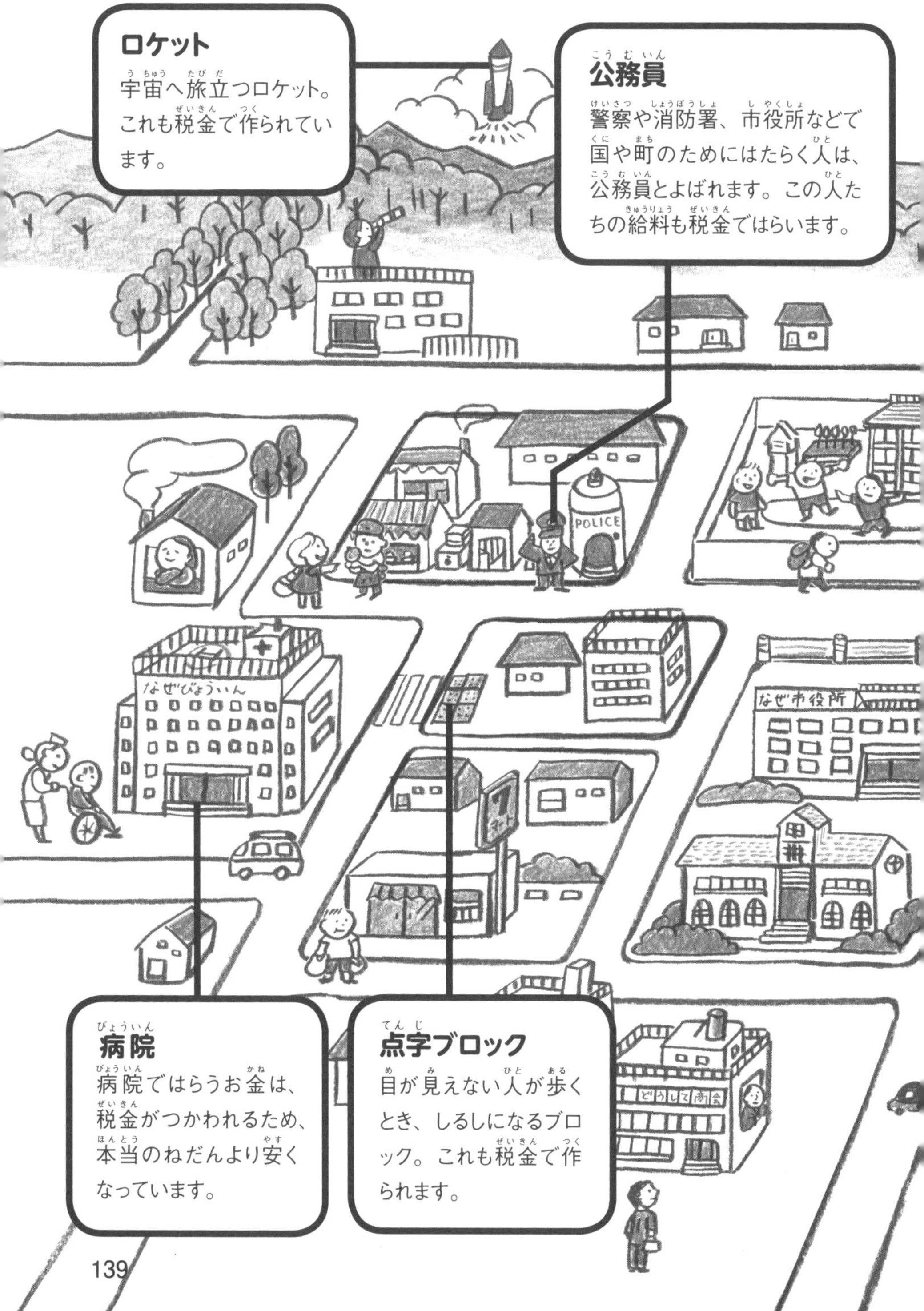

ロケット

宇宙《うちゅう》へ旅立《たびだ》つロケット。これも税金《ぜいきん》で作《つく》られています。

公務員《こうむいん》

警察《けいさつ》や消防署《しょうぼうしょ》、市役所《しやくしょ》などで国《くに》や町《まち》のためにはたらく人《ひと》は、公務員《こうむいん》とよばれます。この人《ひと》たちの給料《きゅうりょう》も税金《ぜいきん》ではらいます。

病院《びょういん》

病院《びょういん》ではらうお金《かね》は、税金《ぜいきん》がつかわれるため、本当《ほんとう》のねだんより安《やす》くなっています。

点字《てんじ》ブロック

目《め》が見《み》えない人《ひと》が歩《ある》くとき、しるしになるブロック。これも税金《ぜいきん》で作《つく》られます。

あら、こんなところに税金《ぜいきん》が

前《まえ》のページでしめしたように、町《まち》のいろいろなところで税金《ぜいきん》はつかわれています。ということは、お金《かね》がたくさんひつようになりますよね。そのお金《かね》は、わたしたちの生活《せいかつ》のいろいろなところからお金《かね》を集《あつ》めることで、まかなっているのです。

自動車税《じどうしゃぜい》
自動車《じどうしゃ》をもっている人《ひと》にかかる税金《ぜいきん》。自動車《じどうしゃ》のおもさによってはらう税金《ぜいきん》もあります。
なぜ小学校
役所
ガソリン
ガソリン税《ぜい》
ガソリンを買《か》うときにかかる税金《ぜいきん》。

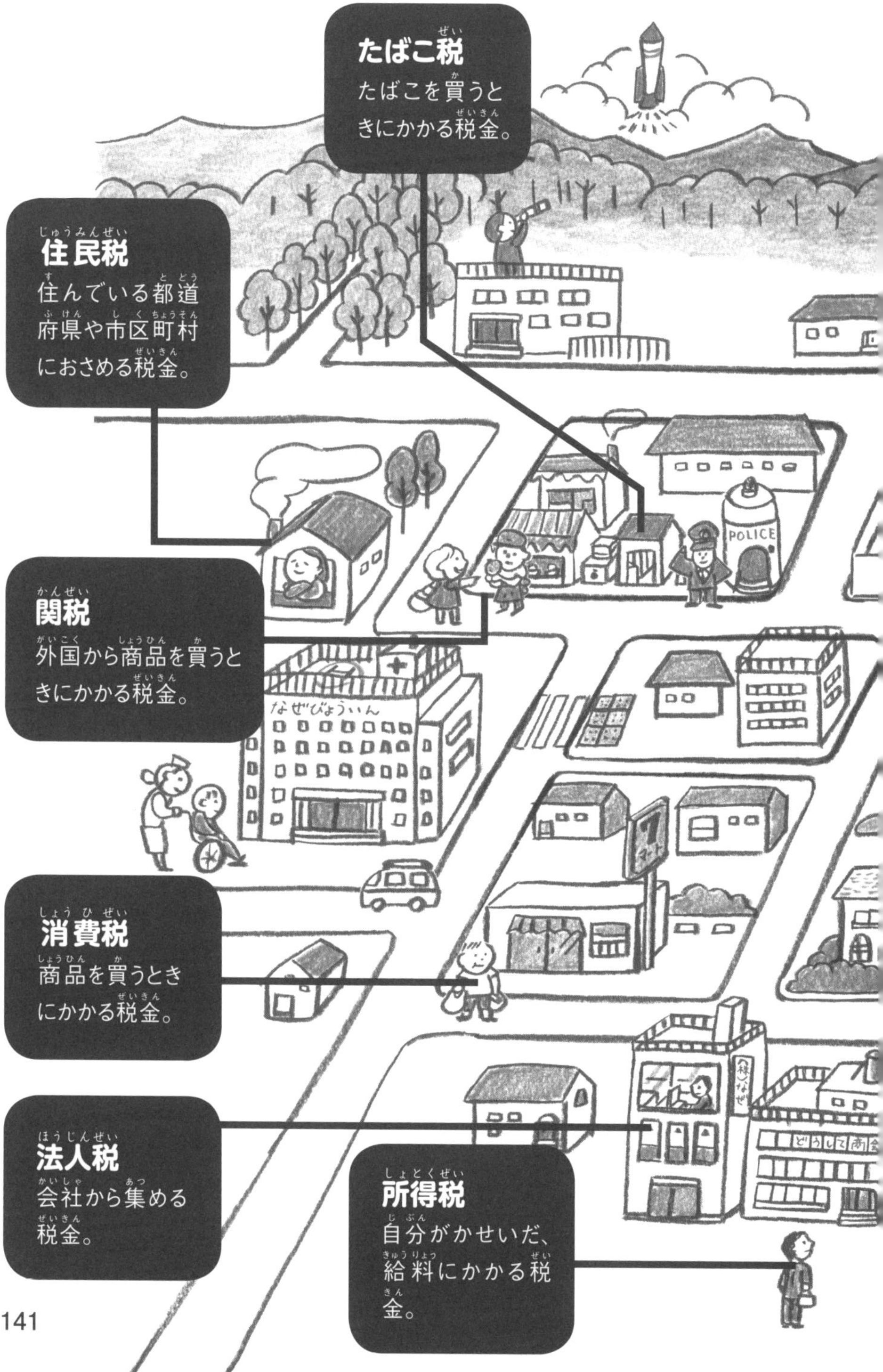
たばこ税《ぜい》
たばこを買《か》うときにかかる税金《ぜいきん》。
住民税《じゅうみんぜい》
住《す》んでいる都道《とどう》府県《ふけん》や市区町村《しくちょうそん》におさめる税金《ぜいきん》。
関税《かんぜい》
外国《がいこく》から商品《しょうひん》を買《か》うときにかかる税金《ぜいきん》。
消費税《しょうひぜい》
商品《しょうひん》を買《か》うときにかかる税金《ぜいきん》。
法人税《ほうじんぜい》
会社《かいしゃ》から集《あつ》める税金《ぜいきん》。
所得税《しょとくぜい》
自分《じぶん》がかせいだ、給料《きゅうりょう》にかかる税《ぜい》金《きん》。
POLICE
なぜびょういん
(株)なぜ

日本《にほん》ってお金《かね》持《も》ちなの？

まず、かくじつにいえるのは、「日本《にほん》はびんぼうではない」ということです。

下《した》の絵《え》を見《み》てください。

国全体《くにぜんたい》でかせいでいるお金《かね》、外国《がいこく》と取《とり》引《ひき》したお金《かね》、国《くに》の予算《よさん》などを見《み》ると、日《に》本《ほん》では、世界《せかい》の中《なか》でもトップレベルのお金持《かねも》ち国家《こっか》です。

また、道路《どうろ》や鉄道《てつどう》はしっかりと作《つく》られ、町《まち》は物《もの》にあふれていて、ゴミも少《すく》ない。

※1

GDP《ジーディーピー》

国《くに》がかせいでいるお金《かね》の合計《ごうけい》

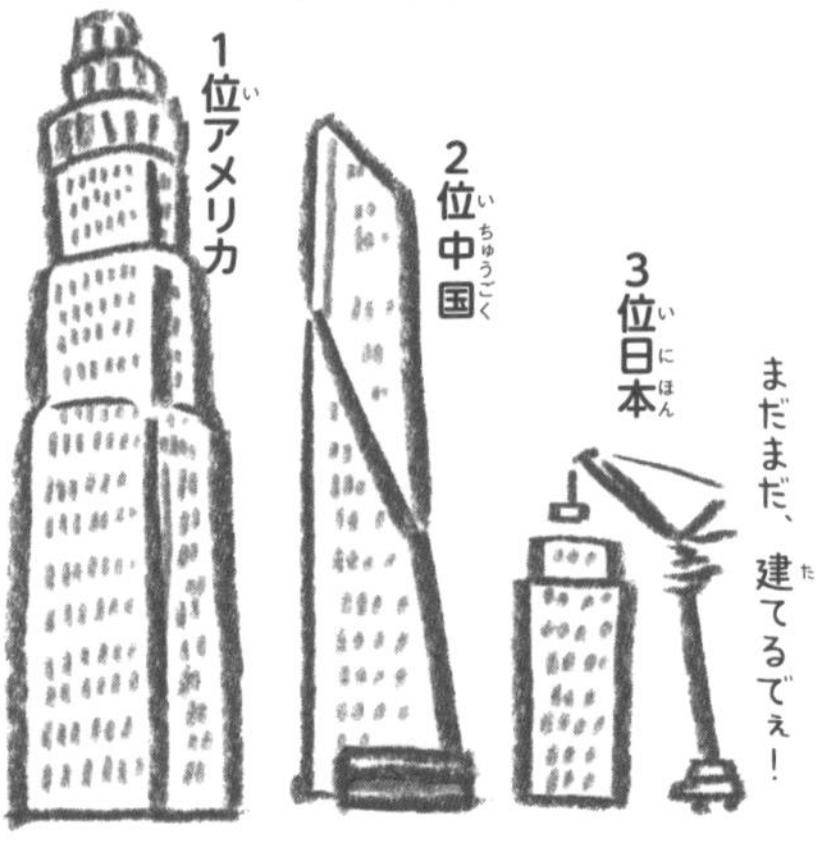
1位《い》アメリカ
2位《い》中国《ちゅうごく》
3位《い》日本《にほん》
まだまだ、建《た》てるでぇ！

※1

外国《がいこく》と取引《とりひき》したお金《かね》

商品《しょうひん》を外国《がいこく》に売《う》ったお金《かね》（輸《ゆ》出《しゅつ》）と、商品《しょうひん》を外国《がいこく》から買《か》ったお金《かね》（輸入《ゆにゅう》）の差額《さがく》

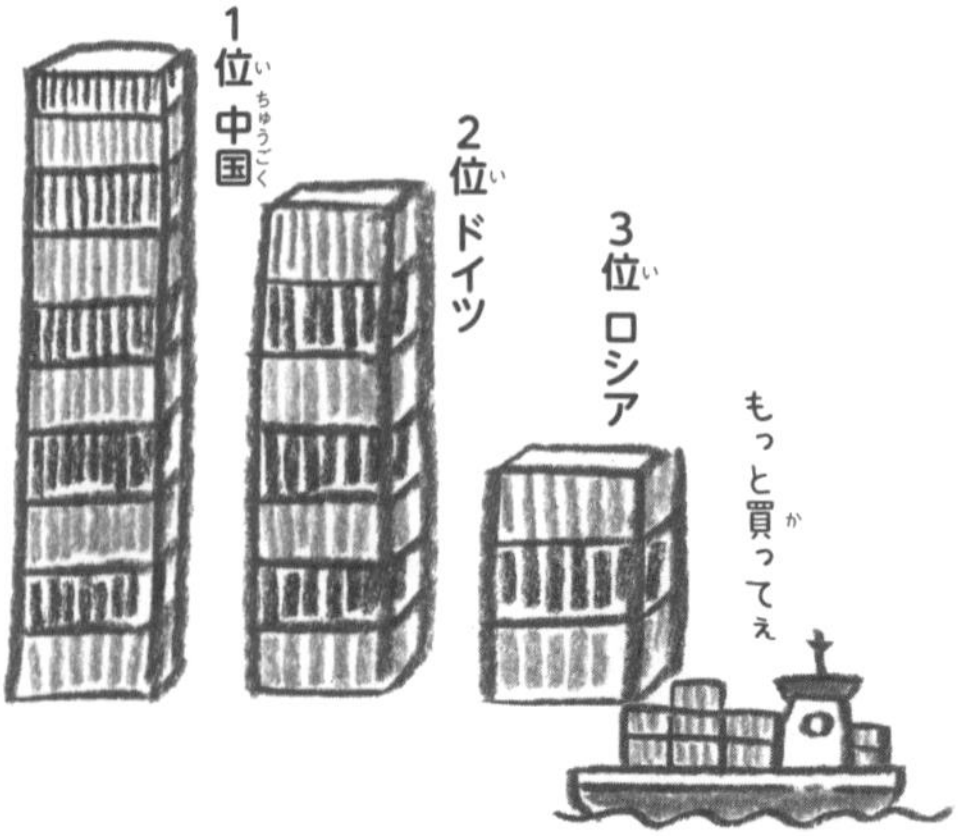
1位《い》中国《ちゅうごく》
2位《い》ドイツ
3位《い》ロシア
もっと買《か》ってぇ

そのため、外国《がいこく》から来《き》た人《ひと》の多《おお》くは、日本《にほん》はゆたかな国《くに》と感《かん》じてくれているようです。

しかし、その日本《にほん》に住《す》むわたしたちがみんな、お金《かね》持《も》ちと感《かん》じているかというと、そうではありません。多《おお》くの人《ひと》は、お金《かね》にたいして、不安《ふあん》をいだきながら生《せい》活《かつ》しています。

こうなると、「はたして日本《にほん》はお金《かね》持《も》ちと言《い》っていいのだろうか？」と、なやんでしまうわけです。

※1

国《くに》の借金《しゃっきん》

国《くに》が国民《こくみん》や銀行《ぎんこう》から借《か》りているお金《かね》

1位《い》 日本《にほん》
2位《い》 ギリシャ
3位《い》 レバノン
おいおい、まだいくの!?

※1　2015年IMFデータ（2016年10月版）より
※2　2014年OECDデータ（2016年12月更新）に中国の歳入・歳出額（IMF）を加えて算出

※2

国《くに》の予算《よさん》

国《くに》で1年間《ねんかん》につかうお金《かね》。国《くに》に入《はい》ってくる税金《ぜいきん》（歳入《さいにゅう》）と国《くに》でつかっている税金《ぜいきん》（歳出《さいしゅつ》）で決《き》められる

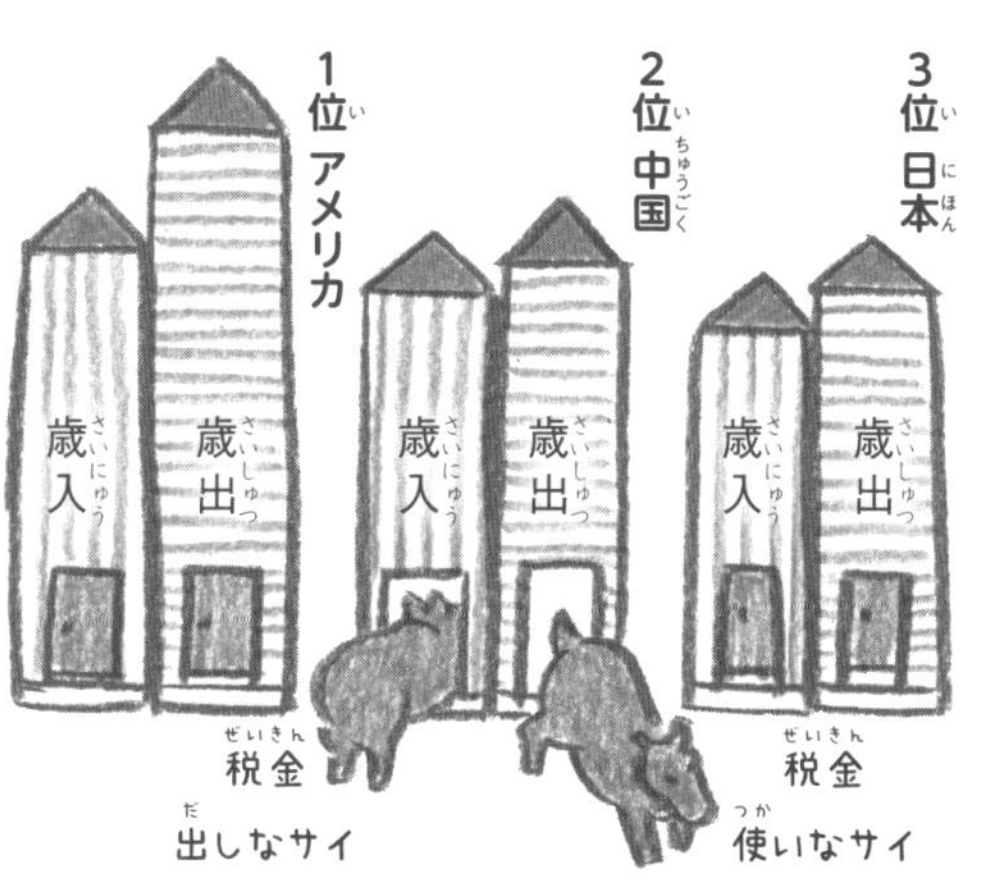

1位《い》 アメリカ
2位《い》 中国《ちゅうごく》
3位《い》 日本《にほん》
歳入《さいにゅう》
歳出《さいしゅつ》
歳入《さいにゅう》
歳出《さいしゅつ》
歳入《さいにゅう》
歳出《さいしゅつ》
税金《ぜいきん》
出《だ》しなサイ
税金《ぜいきん》
使《つか》いなサイ

自《じ》衛《えい》隊《たい》って、どんなことをしているの？

自衛隊《じえいたい》は、日本《にほん》を守《まも》るしごとをしている人《ひと》たちです。

でも、守《まも》るといっても、戦争《せんそう》のない日《に》本《ほん》をどのようにして守《まも》っているのでしょうか？

日本《にほん》をもとにもどすぞ！

緊急救助活動《きんきゅうきゅうじょかつどう》

じしんや大雪《おおゆき》などのさいがいがおきたとき、いち早《はや》くかけつけて、日本《にほん》を守《まも》ります。

いそげ！
いそげ！

防衛活動《ぼうえいかつどう》

日本《にほん》に、ほかの国《くに》が勝手《かって》に入《はい》りこまないように見《み》はって、日本《にほん》を守《まも》ります。

国際平和協力活動《こくさいへいわきょうりょくかつどう》

世界《せかい》の平和《へいわ》のためにはたらき、日本《にほん》のひょうばんをあげて日本《にほん》を守《まも》ります。

訓練《くんれん》

いつ何《なに》がおきてもいいように、つねに体《からだ》をきたえて、日本《にほん》を守《まも》ります。

けっこんって、いつからできるの？

日本《にほん》
花《はな》よめの「白《しろ》むく」は
日本《にほん》の伝統的《でんとうてき》ないしょう！
男女《だんじょ》とも18才《さい》
アメリカ
(ニューヨーク州《しゅう》)
まっしろ！
男女《だんじょ》とも18才《さい》
(州《しゅう》によってちがう。決《き》まりがない州《しゅう》も)

日本《にほん》では、けっこんできる年《ねん》れいも、法律《ほうりつ》でしっかり決《き》められています。いま自由《じゆう》にけっこんできるのは法律《ほうりつ》でおとなと定《さだ》められている18才《さい》から。

では、ほかの国《くに》ではどうでしょうか。世界《せかい》の花《はな》よめ、花《はな》むこいしょうとともに見《み》ていきましょう。

イギリス（スコットランド）

男女《だんじょ》とも18才《さい》
（親《おや》がみとめれば16才《さい》）

スカートが伝統的《でんとうてき》！

中国《ちゅうごく》

赤《あか》や金《きん》でキラキラ！

男《おとこ》22才《さい》　女《おんな》20才《はたち》

ポルトガル

黒《くろ》いドレス！

男女《だんじょ》とも16才《さい》

イラン

あざやかなベール！

男《おとこ》15才《さい》　女《おんな》13才《さい》

ネパール

ふわふわの首《くび》かざり！

女《おんな》18才《さい》　男《おとこ》22才《さい》

ガーナ

でもおくさんは4人《にん》までもってよし！

男女《だんじょ》とも18才《さい》

タイ

ショールがポイント！

男女《だんじょ》とも20才《はたち》
（親《おや》がみとめれば17才《さい》）

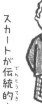

これぞ、日本《にほん》のけっこんしき

キラキラのドレスや着物《きもの》をまとう、
女《おんな》の子《こ》のあこがれ、花《はな》よめさん。
でも、時代《じだい》とともに、けっこんのしかたは
かなりかわっています。
というわけで、
日本《にほん》のけっこんしきのれきしを
見《み》ていきましょう。

1000年前《ねんまえ》

平安時代《へいあんじだい》

男《おとこ》の人《ひと》が女《おんな》の人《ひと》の家《いえ》に向《む》かい、ふたりだけでお酒《さけ》を飲《の》み、おもちを食《た》べる。これを3日間《かかん》くりかえし、家族《かぞく》と会《あ》えば、けっこん成立《せいりつ》です。おくさんの実家《じっか》でくらします。

600年前《ねんまえ》

室町時代《むろまちじだい》

花《はな》むこの家《いえ》まで花《はな》よめを送《おく》る「よめいり行列《ぎょうれつ》」がはじまります。お酒《さけ》をくみかわすなど、ふたりでぎしきをして、次《つぎ》の日《ひ》は、白《しろ》い着物《きもの》から赤《あか》や青《あお》の着物《きもの》に着《き》がえる「お色直《いろなお》し」をしました。

1800年前《ねんまえ》

古代《こだい》

男《おとこ》の人《ひと》は歌《うた》いながら、けっこんを申《もう》しこみました。さいしょはべつべつにくらし、男《おとこ》の人《ひと》が女《おんな》の人《ひと》の家《いえ》に通《かよ》っていました。

100年前《ねんまえ》〜

大正《たいしょう》・昭和《しょうわ》時代《じだい》

西洋《せいよう》の教会《きょうかい》けっこんしきのえいきょうで、神社《じんじゃ》などでけっこんしきをあげるうようになりました。れんあいけっこんもふえました。

今《いま》では…

ホテルやけっこんしき場《じょう》などでけっこんしきをおこない、会食《かいしょく》する人《ひと》がふえました。ほかにも、さまざまな形《かたち》のけっこんしきが生《う》まれています。

400年前《ねんまえ》

江戸時代《えどじだい》

知《し》り合《あ》いなどにけっこん相手《あいて》をしょうかいしてもらう「お見合《みあ》い」がふえました。けっこんするのによい日《ひ》をうらない、花《はな》むこの家《いえ》では決《き》められたかざりつけをして、花《はな》よめをむかえました。

120年前《ねんまえ》

明治時代《めいじじだい》

この時代《じだい》の花《はな》よめは、黒《くろ》い着物《きもの》。たんすや鏡台《きょうだい》などの「よめいり道具《どうぐ》」をかつぎ、一族《いちぞく》みんなで花《はな》むこの家《いえ》にむかいました。そのままけっこんの会食《かいしょく》に参加《さんか》し、それが1週間続《しゅうかんつづ》くことも。

日本《にほん》のものづくりってすごいの？

すごいです。

とくに日本《にほん》の場合《ばあい》、外国《がいこく》で生《う》まれたよい物《もの》をさらによい物《もの》にしたり、電話《でんわ》にろくおんきのうをつけるなど、ぎじゅつとぎじゅつを組《く》み合《あ》わせたりして、新《あたら》しいものを作《つく》ることがたいへんとくいです。

では、日本《にほん》が生《う》み出《だ》した世界初《せかいはつ》の商品《しょうひん》は、どんなものを組《く》み合《あ》わせて作《つく》られたのでしょう？

世界《せかい》がおどろいた！　日本《にほん》の発明品《はつめいひん》

北海道《ほっかいどう》と沖縄《おきなわ》。どのくらいちがうの？

もう、家《いえ》の見《み》た目《め》からしてちがいます。

出入《でい》り口《ぐち》は高《たか》さがあり、二重《にじゅう》とびら。雪《ゆき》がつもっても安心《あんしん》! エアコンはなく、ストーブで冬《ふゆ》もぽかぽか!

北海道《ほっかいどう》

旭川市《あさひかわし》

8月平均《がつへいきん》　21.1℃
(最高《さいこう》26.3℃)
2月平均《がつへいきん》　氷点下《ひょうてんか》6.5℃
(最低《さいてい》　氷点下《ひょうてんか》12℃)

台風《たいふう》にそなえて屋根《やね》が低《ひく》い。
夏《なつ》はじめじめしていて、海《うみ》から強《つよ》い風《かぜ》がふきぬける。

沖縄県《おきなわけん》

名護市《なごし》

8月平均《がつへいきん》　28.6℃ (最高《さいこう》31.6℃)
2月平均《がつへいきん》　16.5℃ (最低《さいてい》13.5℃)

北海道《ほっかいどう》と沖縄《おきなわ》は、北《きた》と南《みなみ》で遠《とお》くはなれた場所《ばしょ》にあり、気温《きおん》も大《おお》きくかわります。この気温《きおん》のへんかが家《いえ》の作《つく》りのちがいとなりますが、近《ちか》くの場所《ばしょ》ならにているのか？ というと、そうでもないようです。

京都府《きょうとふ》

山《やま》にかこまれた「ぼん地《ち》」で、昼《ひる》は暑《あつ》く夜《よる》は寒《さむ》い。町家《まちや》という古《ふる》い家《いえ》が数多《かずおお》くのこり、お寺《てら》もいっぱい。

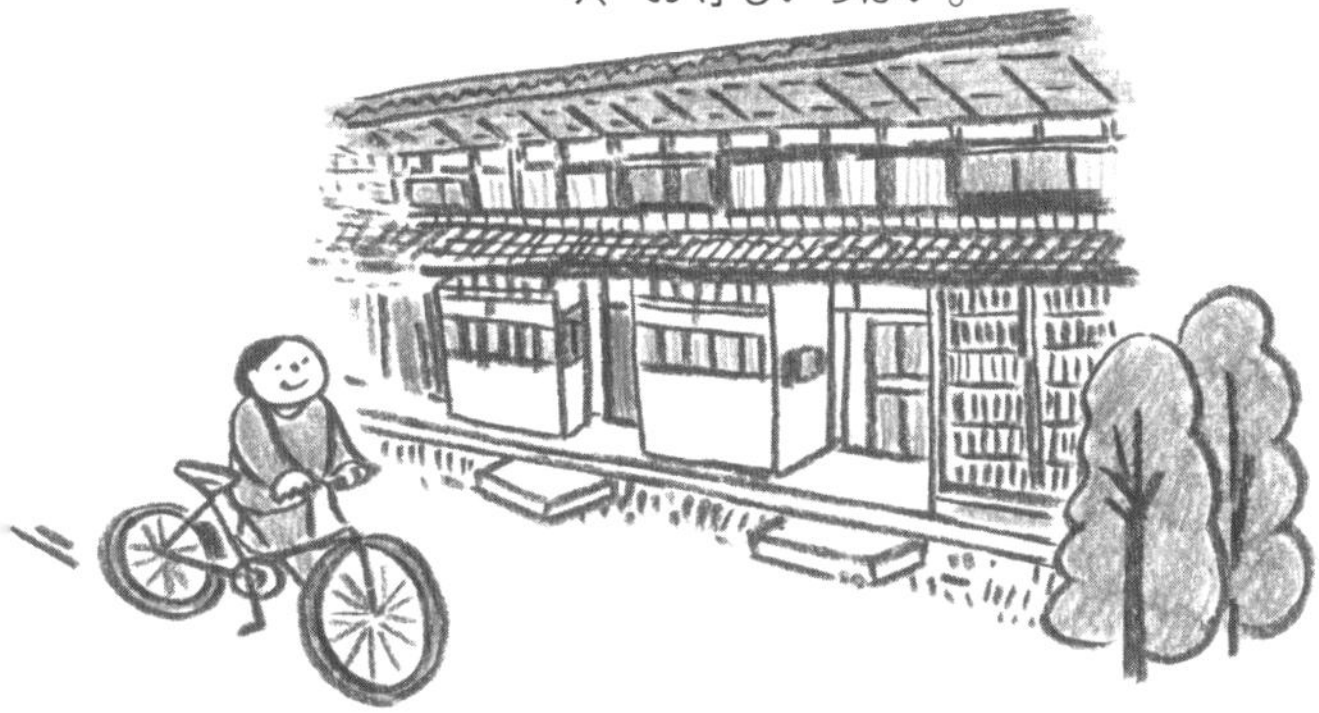

京都市中京区《きょうとしなかぎょうく》

8月平均《がつへいきん》　28.2℃（最高《さいこう》33.3℃）
2月平均《がつへいきん》　5.1℃（最低《さいてい》1.4℃）

大阪府《おおさかふ》

商売《しょうばい》の町《まち》といわれ、はでなかんばんがたくさん。

大阪市浪速区《おおさかしなにわく》

8月平均《がつへいきん》　28.8℃（最高《さいこう》33.4℃）
2月平均《がつへいきん》　6.3℃（最低《さいてい》2.9℃）

日本《に　ほん》おぞうに選手権《せん しゅ けん》

地方《ちほう》のちがいは、食《た》べ物《もの》にもよくあらわれます。
たとえば、お正月《しょうがつ》に食《た》べるおぞうに。
地方《ちほう》のある家《いえ》では、こんなにちがいます。

北海道《ほっかいどう》

酒《さけ》かすが
入《はい》ってる!

岩手《いわて》

くるみの
たれで、
いただきます。

群馬《ぐんま》

とにかく
具《ぐ》だくさん!

宮城《みやぎ》

魚《さかな》の「はぜ」が、
まるごと1ぴき!
ずいきとよばれる、
さといもの葉《は》を入《い》
れる家《いえ》も。

千葉《ちば》

はばのりという
地元《じもと》ののりが
たっぷり。

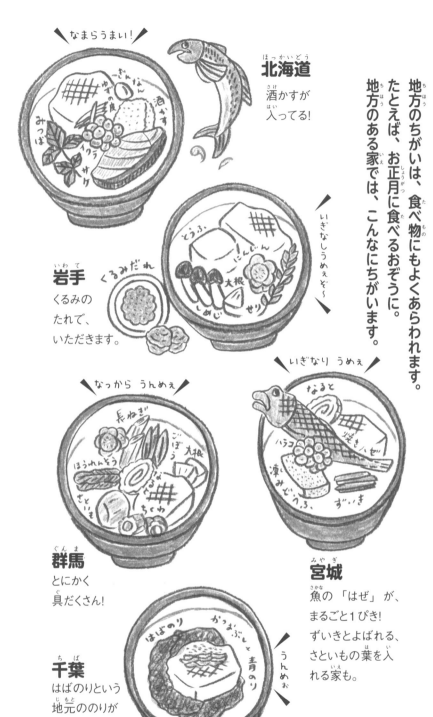

石川《いしかわ》

シンプルな、
おすまし。

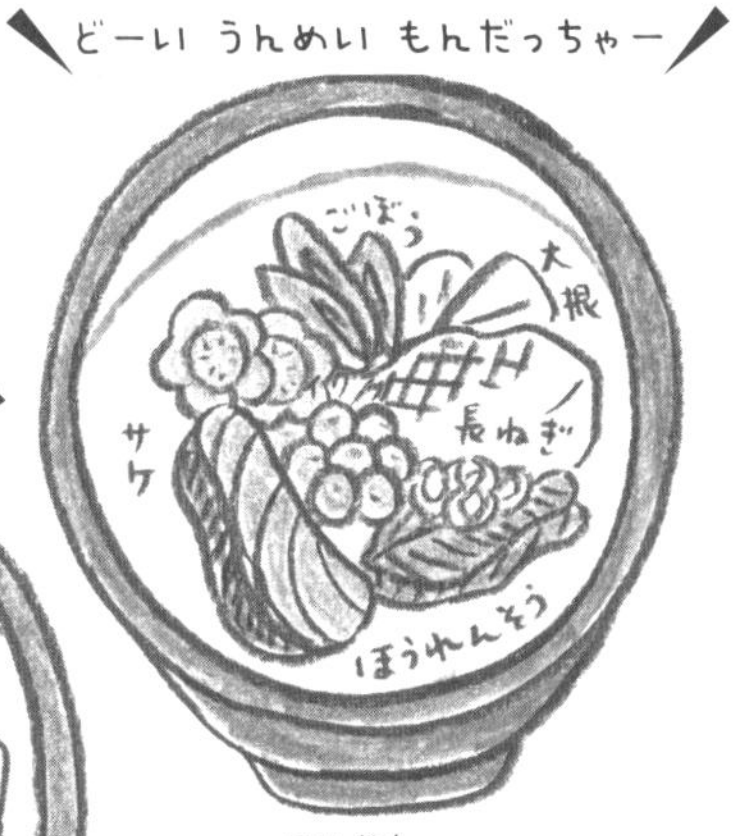

新潟《にいがた》

さけといくら入《い》りで、
ごうかです。

富山《とやま》

甘《あま》エビや魚《さかな》のすり身《み》、または牛《ぎゅう》肉《にく》を入《い》れる家《いえ》も。

福井《ふくい》

味《あじ》つけはしょうゆでなく、赤《あか》みそ。おわんがかくれるほどたっぷりのかつおぶしや、黒《くろ》ざとうをかける家《いえ》も。

東京《とうきょう》

焼《や》いた四角《しかく》いもちを入《い》れるのは、このあたりまで。

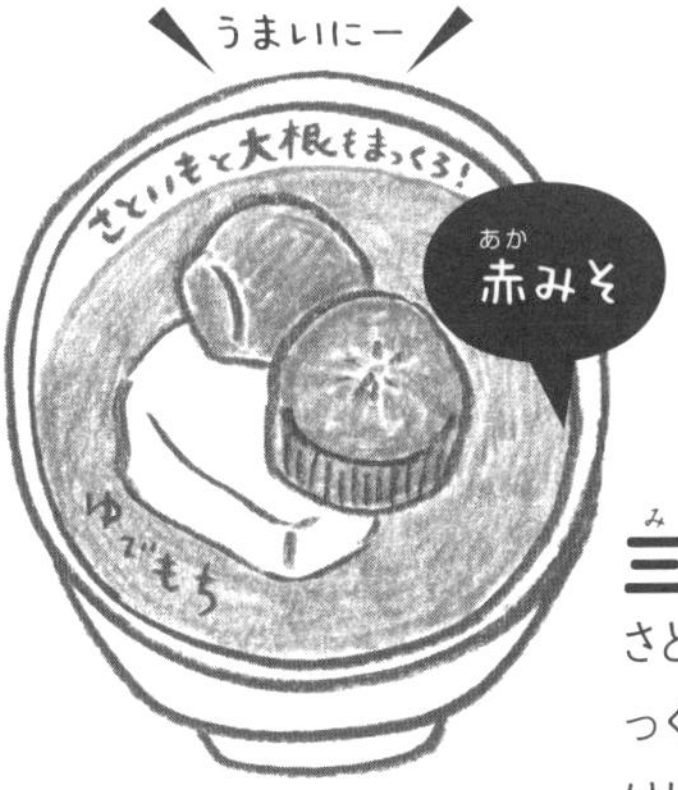

三重《みえ》

さといもも大根《だいこん》も、まっくろになるまで味《あじ》つけしてから入《い》れます。

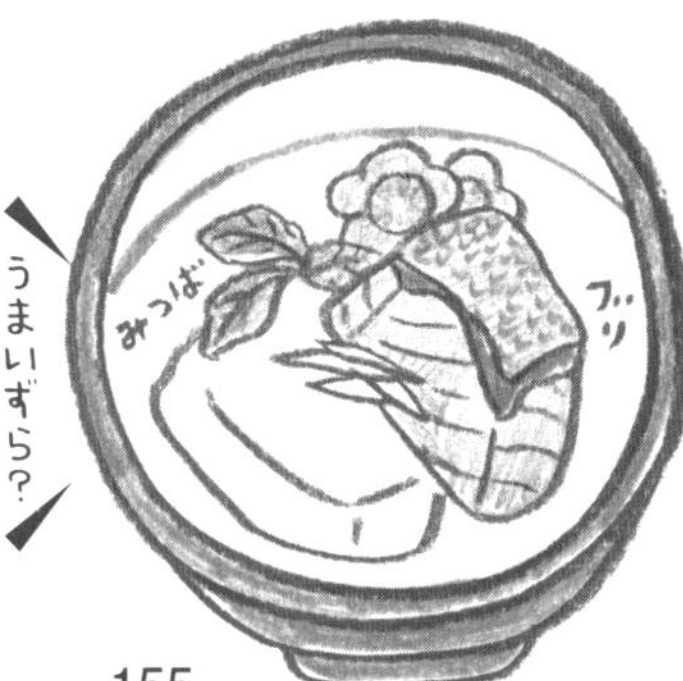

長野《ながの》

ぶりがごちそう!

奈良《なら》

きなこを
トッピング!

京都《きょうと》

味《あじ》つけは
白《しろ》みそ。
具《ぐ》はぜんぶ
丸《まる》いです。

兵庫《ひょうご》

焼《や》きアナゴが
どどーんと!

広島《ひろしま》

ぷりぷりのかき!

鳥取《とっとり》

あまくて、まるで、
ぜんざいです。

島根《しまね》

名物《めいぶつ》の十六島《うっぷるい》のりをとろりとかけて。

福岡《ふくおか》

方言《ほうげん》でたくさんという意味《いみ》の「ぶりぶりもうかる!」をかけて、ぶりを入《い》れます。

香川《かがわ》

食《た》べて
びっくり!
あんこもち!

長崎《ながさき》

ひとり用《よう》の土《ど》なべに具《ぐ》がたっぷり!

鹿児島《かごしま》

大《おお》きなエビと
豆《まめ》もやし

熊本《くまもと》

するめを入《い》れて、
仕上《しあ》げは、なっとう。

西日本《にしにほん》では丸《まる》いおもちをにる家《いえ》が多《おお》いようです。同《おな》じ県《けん》でも地方《ちほう》によってことなる場合《ばあい》もあります。気《き》になるおぞうにがあったら、ぜひおためしあれ!

沖縄《おきなわ》

もともと、おぞうにを食《た》べる文化《ぶんか》がありません。

宝物《たからもの》がかくされた島《しま》ってないのかな？

ない。
とは、言《い》い切《き》れません。
何《なに》しろ日本《にほん》には６８５２の
島《しま》があり、そのうち６４３０
ほどが無人島《むじんとう》。
だから、その中《なか》の１つくら
いに宝物《たからもの》がかくされていても、
ふしぎではありません。

さて、お立合《たちあ》い！
宝物《たからもの》がかくされた島《しま》の伝説《でんせつ》は、
日本《にほん》にいくつもある。
本日《ほんじつ》は、その1つをごしょうかい！
TAKARAJIMA
宝島伝説
宝島《たからじま》。こんな名前《なまえ》の島《しま》が、じっさいに鹿《か》児島県《ごしまけん》にある。
むかしから、この島《しま》のどこかには宝《たから》がねむっていると言《い》い伝《つた》えられていた。

80年《ねん》ほど前《まえ》のある日《ひ》、アメリカのたんていから東京《とうきょう》に手紙《てがみ》がとどいた。
TO JAPAN
なんと、なんと！ アメリカで有名《ゆうめい》なかいぞくがのこした宝《たから》の地図《ちず》と、この島《しま》がそっくりだというのだ！
CAPTAIN KIDD
かいぞくの名《な》は、キャプテン・キッド。およそ３００年前《ねんまえ》、「ある場所《ばしょ》に宝《たから》をかくした！」とさけびながら、しょけいされたという。
すごい！
ぼくも
行くぞ！
けれども、さがしてもさがしても、宝《たから》は出《で》てこなかった…。
残念《ざんねん》ながら、キャプテン・キッドが日本《にほん》に来《き》た記録《きろく》はない。宝《たから》の伝説《でんせつ》はまちがいなのか！
だがしかし！
カン
千年前《せんねんまえ》、戦《たたか》いからにげてきた平家一族《へいけいちぞく》が、このあたりの島《しま》に住《す》んでいたらしい。
平家《へいけ》といえば、かなりの金持《かねも》ち武士《ぶし》。伝説《でんせつ》はまだ終《お》わらない。平家《へいけ》の宝《たから》がこの島《しま》に！ あるかもしれない。
おーーっ
うそか、まことか!? 信《しん》じるのはあなたしだい…。
カンカンカン…

島国《しまぐに》ニッポン！

宝《たから》島《じま》のほかにも、日本《にほん》にはたくさんの
おもしろい島《しま》があります。
どんな島《しま》があるか、いくつかのぞいてみましょう。

① 利尻島《りしりとう》（北海道《ほっかいどう》）

冬《ふゆ》になると島全体《しまぜんたい》が雪《ゆき》におおわれ、山《やま》のてっぺんからスキーを楽《たの》しめる。

② 小笠原諸島《おがさわらしょとう》（東京都《とうきょうと》）

父島《ちちじま》、弟島《おとうとじま》、兄島《あにじま》、母島《ははじま》、姉島《あねじま》、妹島《いもうとじま》。まるで家族《かぞく》がよりそってくらすような島々《しまじま》。

③ 大久野島《おおくのしま》（広島県《ひろしまけん》）

かわいいハート型《がた》をした、ウサギだらけのステキな島《しま》。
でもこの島《しま》には、おそろしいれきしが…。

④ 久米島《くめじま》（沖縄県《おきなわけん》）

海水《かいすい》が引《ひ》いたときしかあらわれない、砂浜《すなはま》だけの島《しま》がある。一度《いちど》は行《い》きたい美《うつく》しき島《しま》。

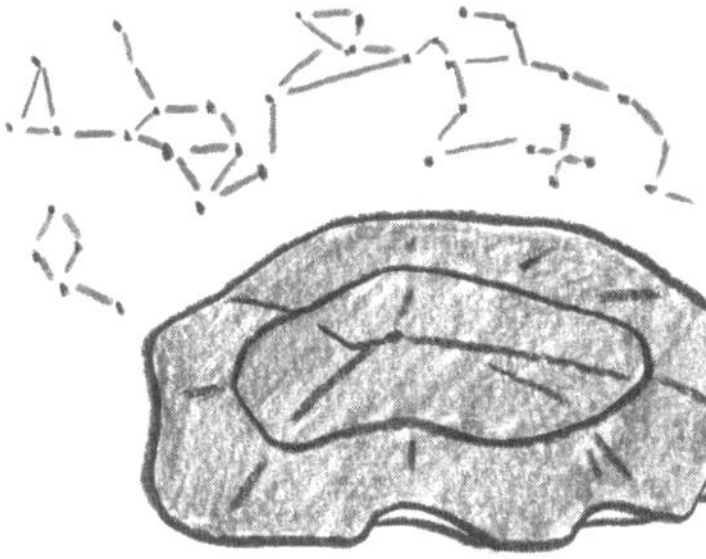

⑤ 波照間島《はてるまじま》（沖縄県《おきなわけん》）

地球《ちきゅう》の南側《みなみがわ》に行《い》かないと見《み》られない、サザンクロスなどのめずらしい星《ほし》を見《み》られる。

⑥ 沖ノ島《おきのしま》（福岡県《ふくおかけん》）

女《おんな》の人《ひと》は入《はい》ることがゆるされない島《しま》。世界遺産《せかいいさん》。

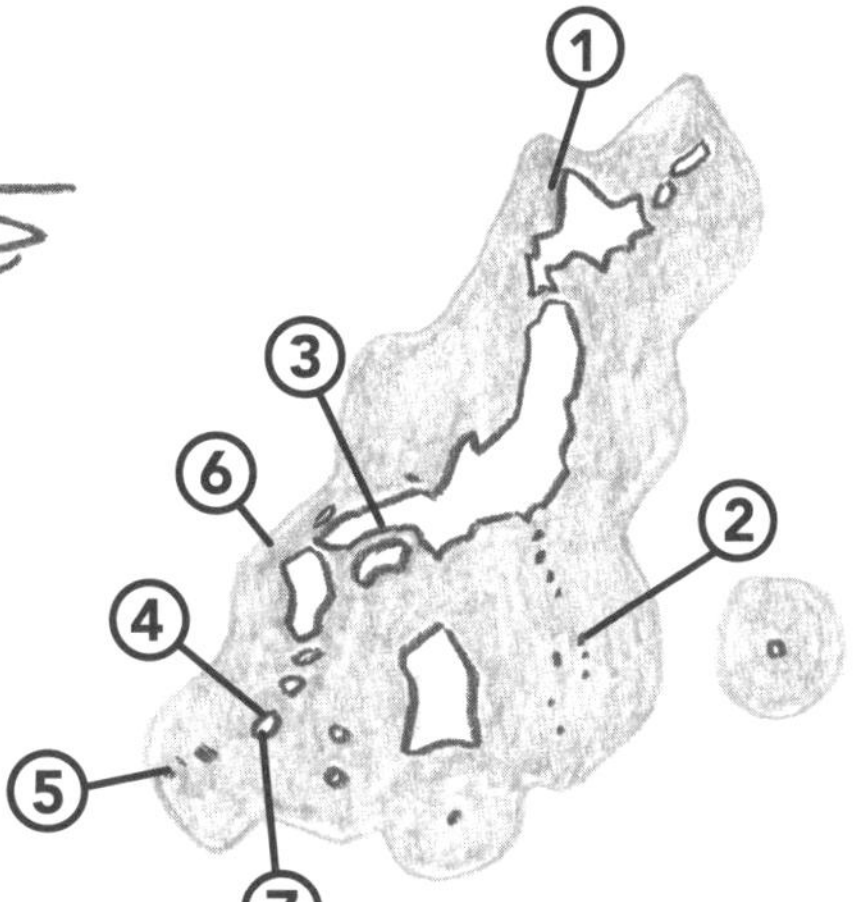

⑦ 久高島《くだかじま》（沖縄県《おきなわけん》）

男《おとこ》の人《ひと》は入《はい》ることがゆるされない。というわけではないが、島《しま》の中《なか》には、男《おとこ》の人《ひと》が入《はい》ってはいけない場所《ばしょ》がある。

これでバッチリ！

自由研究《じゆうけんきゅう》のススメ②

発明《はつめい》してみよう！

すでにあるぎじゅつや物《もの》をほかの物《もの》とくっつけることで、まったく新《あたら》しい物《もの》を生《う》みだす。この日本《にほん》のとくいわざをみんなも考《かんが》えてみましょう。

よういするもの

・紙《かみ》
・ペン
・発想力《はっそうりょく》

1 まわりの物《もの》をよく観察《かんさつ》しよう

身《み》のまわりには、じつにいろいろな物《もの》があります。そして、どこかにかならず「不便《ふべん》なところ」「こうなったらいいのに」と思《おも》うような部分《ぶぶん》があります。それを見《み》つけだしましょう。

2 思《おも》ったことをじつげんできるものを思《おも》いうかべよう

「手《て》にもちたくない」と思《おも》うなら手《て》にもたなくても動《うご》く物《もの》を見《み》つけるなど、「それがあれば不便《ふべん》でなくなる！」という物《もの》を見《み》つけましょう。

さいしょはむずかしいかもしれませんが、ふだんからいろいろな物《もの》のよい所《ところ》をさがすことで、見《み》つかりやすくなります。

3 組《く》み合《あ》わせてみよう

1と2で思《おも》ったものを組《く》み合《あ》わせて、新《あたら》しい物《もの》を生《う》みだしましょう！ そして、どういう気《き》持《も》ちで作《つく》ったのか、どうやって作《つく》ったのかをまとめて発表《はっぴょう》しましょう！

センサー
＋
バネ
＋
くつ
＝
全自動《ぜんじどう》なわとび機《き》

ドローン
＋
かさ
＝
もたないかさ

こころのふしぎ

日本《にほん》に住《す》んでいても、「日本《にほん》」って感《かん》じないんだけど……

日本《にほん》でくらして、日本語《にほんご》で話《はな》す。こういう生活《せいかつ》をしていると、日本《にほん》があたりまえになります。そのため、日本《にほん》にくらしているかぎり、なかなか生活《せいかつ》の中《なか》で日本《にほん》を感《かん》じられないかもしれません。

でも、外国《がいこく》でくらしたり、外国人《がいこくじん》と話《はな》したりと、外国《がいこく》の文化《ぶんか》を知《し》るほどに、日本《にほん》を感《かん》じやすくなります。日本《にほん》の文化《ぶんか》から少《すこ》し外《はず》れた生活《せいかつ》をすることで、ねむっていた「日本《にほん》の心《こころ》」がむくむくと起《お》きあがってくるようです。

たとえばこんなふうに、みんなもいつか自分《じぶん》の中《なか》にねむる日本《にほん》の心《こころ》に気《き》づくときがくると思《おも》います。そのときは、この心《こころ》を大切《たいせつ》にしてください。

けっきょく、日本《にほん》の心《こころ》ってなに？

それはとてもふくざつで、一言《ひとこと》でせつめいできるようなものではありません。
でも、日本《にほん》の心《こころ》の作《つく》り方《かた》ならわかります。
それは、日本《にほん》の文化《ぶんか》にたくさんふれること。
すると、知《し》らず知《し》らずのうちに、みんなの心《こころ》の中《なか》に、
日本《にほん》がきざまれていくのです。

① 季節《きせつ》を感《かん》じながら生《い》きる

日本《にほん》は春夏秋冬《しゅんかしゅうとう》のうつりかわりがはっきりしていて、それぞれの季節《きせつ》の楽《たの》しみ方《かた》もたくさんあります。季節《きせつ》を楽《たの》しむ。これも日本《にほん》の文化《ぶんか》です。

② 神社《じんじゃ》やお寺《てら》に行《い》ってみる

神社《じんじゃ》やお寺《てら》には、日本《にほん》らしい美《うつく》しさにこだわって作《つく》られた建物《たてもの》がたくさんあります。

③ いろいろな行事《ぎょうじ》を楽《たの》しむ

日本《にほん》の行事《ぎょうじ》は、れきしの中《なか》から生《う》まれた文化《ぶんか》です。つまり、日本《にほん》どくじの行《ぎょう》事《じ》を楽《たの》しむことは、まさに日本《にほん》そのものを楽《たの》しむことといってよいでしょう。

④ おいしいごはんを食《た》べる

食事《しょくじ》は、国《くに》の文化《ぶんか》をもっとも身《み》近《ぢか》に感《かん》じるもの。そのため、ふだんの食事《しょくじ》の中《なか》にも日本《にほん》がたくさん入《はい》っているのです。

⑤ 学校《がっこう》の行事《ぎょうじ》をがんばる

日本《にほん》の学校《がっこう》には、外国《がいこく》にはないものがたくさんあります。元気《げんき》に参加《さんか》しましょう。また部《ぶ》活動《かつどう》も、日本《にほん》ならではの文化《ぶんか》です。

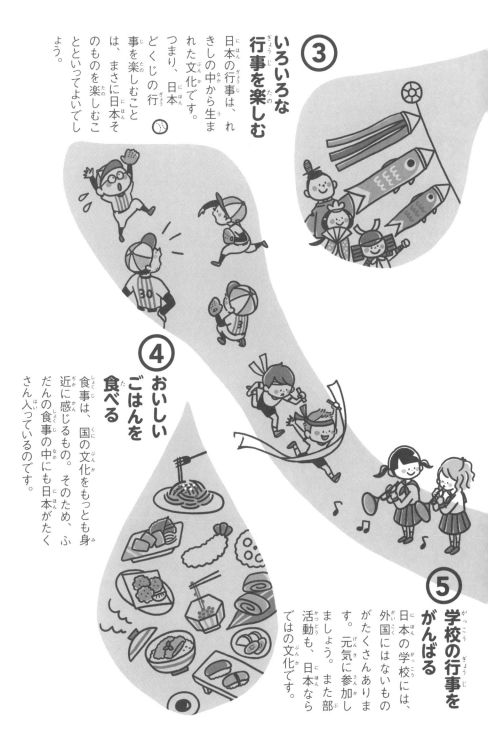

外国《がいこく》の人《ひと》に日本《にほん》をしょうかいしたい！

日本《にほん》の文化《ぶんか》は、いまや外国《がいこく》の人《ひと》にも知《し》られるようになっています。ただし、人《ひと》によって、知《し》りたい日本《にほん》の文化《ぶんか》もことなるようです。となると、しょうかいするほうも、いろいろな日本《にほん》の文化《ぶんか》をあらかじめ知《し》っておかなければなりません。

もしあなたが、東京《とうきょう》に来《き》た外国人《がいこくじん》をあんないすることになったら。だれにしょうかいするかで、行《い》く場所《ばしょ》もガラリとかわります。

とりあえず、日本《にほん》っぽいところにつれてってよ
日本《にほん》のアニメが大好《だいす》きなんだけど
日本《にほん》のグルメを味《あじ》わいたいな
日本《にほん》の女《おんな》の子《こ》が好《す》きなものを知《し》りたいわ
日本《にほん》にいやなところなんてあるの？
All right!《いいよ》

Ikebukuro ラーメンの町《まち》 池袋《いけぶくろ》

日本《にほん》といえばラーメン、と考《かんが》える外国人《がいこくじん》も多《おお》いのです。そこで、ラーメン屋《や》が多《おお》いといわれる池袋《いけぶくろ》はいかが?

Asakusa 日本《にほん》らしい町《まち》 浅草《あさくさ》

外国人向《がいこくじんむ》けのおみやげやさんもたくさんあり、手軽《てがる》に日本《にほん》の文化《ぶんか》を感《かん》じられます。

Crowded train 日本《にほん》の名物《めいぶつ》 満員電車《まんいんでんしゃ》

朝《あさ》7時《じ》から8時《じ》くらいの電車《でんしゃ》に乗《の》せてみましょう。それだけで日本《にほん》のたいへんさをわかってもらえる気《き》がします。

Akihabara アニメの町《まち》 秋葉原《あきはばら》

かわいい女《おんな》の子《こ》のイラストがいたるところにある町《まち》。日本《にほん》のアニメやマンガが好《す》きな人《ひと》にはたまらない町《まち》のようです。

Shibuya, Harajuku わかものの町《まち》/渋谷《しぶや》・原宿《はらじゅく》

おしゃれな町《まち》はいろいろありますが、わかい女《おんな》の子《こ》なら、渋谷《しぶや》や原宿《はらじゅく》がわかりやすいと思《おも》います。

東京《とうきょう》だけでも、場所《ばしょ》によって、これだけ文化《ぶんか》がちがいます。ポイントは町《まち》、そして場所《ばしょ》。たくさんの文化《ぶんか》を知《し》り、その文化《ぶんか》を体験《たいけん》できる場所《ばしょ》を頭《あたま》に入《い》れておけば、どんな外国《がいこく》の人《ひと》が来《き》ても日本《にほん》をしょうかいできます。もちろん、言葉《ことば》もだいじ。英語《えいご》を少《すこ》しは話《はな》せるようになっておきましょう。

じゃあ、自分《じぶん》の町《まち》だったら何《なに》をしょうかいする？

やってみよう

自分《じぶん》の町《まち》をしょうかいしよう！

町《まち》がかわれば、しょうかいする文化《ぶんか》もかわります。
そこで、いろいろな町《まち》の文化《ぶんか》を知《し》る前《まえ》に、
自分《じぶん》の町《まち》だったら、外国《がいこく》の人《ひと》にどのように
しょうかいできるかを考《かんが》えてみましょう。

たとえば、みんなが毎年《まいとし》さんかしているおまつりだって、外国《がいこく》の人《ひと》にとっては、ふだんの生活《せいかつ》にはない楽《たの》しい体験《たいけん》です。外国《がいこく》の人《ひと》に「このおまつりは何《なん》のためにしているの？」と聞《き》かれたときのために、しらべておきましょう。しらべることで、自分《じぶん》の町《まち》の文化《ぶんか》にもふれられます。

① 町《まち》のじょうほうを集《あつ》める

れきしのある建物《たてもの》、町《まち》の行事《ぎょうじ》、体験《たいけん》できることなど、とにかくたくさん集《あつ》めましょう。おとなの人《ひと》に聞《き》いたり、ネット、図書館《としょかん》でしらべたりするほか、自《じ》分《ぶん》でも足《あし》を運《はこ》んで、そこの写真《しゃしん》なども集《あつ》めましょう。

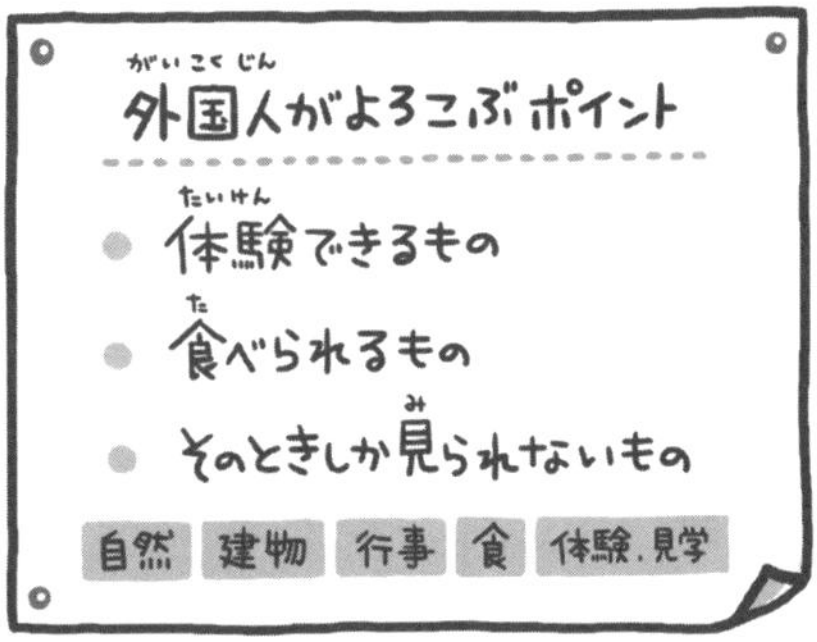

② ノートにまとめる

大《おお》きな地図《ちず》に今回《こんかい》しょうかいする場所《ばしょ》とその写真《しゃしん》やデータを書《か》いていきます。行事《ぎょうじ》なら日付《ひづけ》、体験《たいけん》するものなら、休《やす》みやえいぎょう時間《じかん》なども書《か》いておきましょう。

③ おとなに見《み》せてみる

作《つく》ったものを先生《せんせい》や役所《やくしょ》の人《ひと》に「自《じ》分《ぶん》の町《まち》を外国《がいこく》の人《ひと》にしょうかいしたいんですけど」と、言《い》って見《み》せてみましょう。役所《やくしょ》には「地域振興課《ちいきしんこうか》」という場所《ばしょ》があるので、もしかしたら役所《やくしょ》の人《ひと》といっしょに、何《なに》か新《あたら》しいことができるかもしれません。

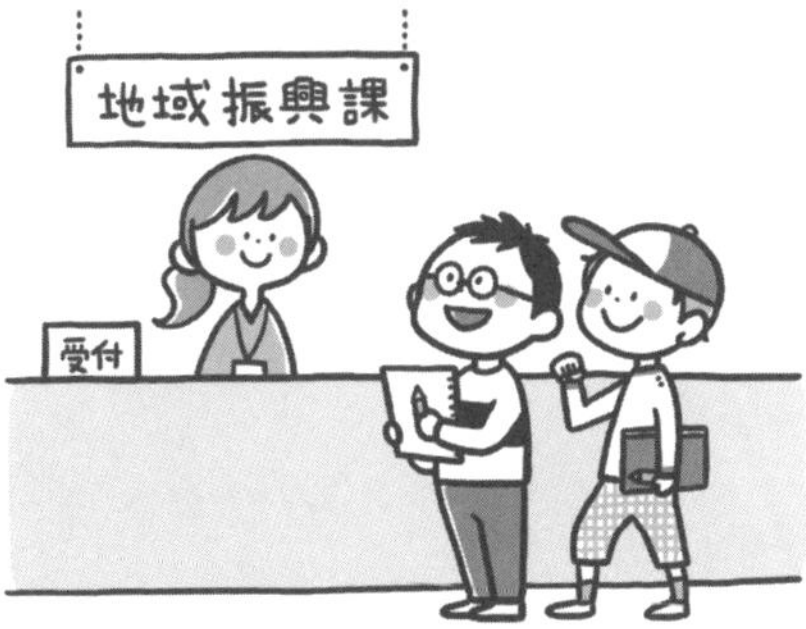

こころのふしぎ

「ふるさと」ってどこにあるの？

みんなには、まだ、ふるさとはないかもしれません。

でも、おとなになって、はたらきはじめたとき、ふと、むかしのことを思《おも》い出《だ》すときがやってきます。

このとき、心《こころ》の中《なか》にふるさとがあらわれます。

野木

こころの
ふしぎ

自《じ》分《ぶん》に自《じ》信《しん》をもつにはどうすればいいの？

自《じ》分《ぶん》に自《じ》信《しん》がもてない。これは、日本人《にほんじん》に多《おお》いせいかくだといわれています。

子《こ》どももおとなも、自《じ》信《しん》がもてない人《ひと》はみな、「自《じ》信《しん》をもちたい」とねがいます。でも、自《じ》信《しん》がなくたって、何《なん》の問題《もんだい》もありません。

たとえば、スポーツをやっていて、自《じ》信《しん》がもてないのなら、自《じ》分《ぶん》がなっとくするまで、れんしゅうを続《つづ》ければいいのです。

たとえば、人《ひと》となかよくなるのがにがてで、自《じ》信《しん》がもてないのなら、人《ひと》の心《こころ》について考《かんが》え続《つづ》ければよいのです。

「自信《じしん》がない」人《ひと》は、これを自分《じぶん》の悪《わる》いところと思《おも》いがちですが、自信《じしん》がないことを上手《じょうず》に利用《りよう》すれば、「自分《じぶん》のやるべきことをすぐに見《み》つけられる」というよいところにかえられます。

つまり、自信《じしん》のないことだって、りっぱな才能《さいのう》とよべるものにできるのです。

ただ、やるべきことを見《み》つけてがんばったとき、もしかしたら、しっぱいをおそれるおくびょうな自分《じぶん》に出会《であ》うかもしれません。なかなか成長《せいちょう》しない自分《じぶん》がイヤになるかもしれません。

でも、そんな自分《じぶん》に負《ま》けずに、がんばり続《つづ》けてください。

そうすれば、かならず、いつか、うまくいく日《ひ》がやってきます。

サヨナラ。自信《じしん》のない自分《じぶん》……

自信《じしん》がないという才能《さいのう》をいかして、がんばり続《つづ》けると、
人《ひと》によってタイミングはちがいますが、
やがて、自信《じしん》のない自分《じぶん》とおわかれし、
自信《じしん》をもたなければいけないときがやってきます。

こうして自信《じしん》がつきました

あれ？　ぼく、
ちょっとうまく
なってるかも

① うまくなった自分《じぶん》を見《み》つけた

ゆっくりとでもできることを身《み》につけていくと、とうぜん、うまくなった自分《じぶん》に気《き》づくことがあります。このとき、心《こころ》に小《ち い》さな自信《じしん》が生《う》まれ、自信《じしん》のない自分《じぶん》とサヨナラします。

② 自分《じぶん》をバカにしない

あの子みたいに
うまく
はなせ
ないよ…
ぼくなんか
ダメだ…
じゃあぼくは、
ていねいに話《はな》そう

「人《ひと》をバカにしてはいけない」「人《ひと》に誠意《せいい》（正直《しょうじき》でねっしんな気持《きも》ち）を見《み》せる」。とても大切《たいせつ》なことですが、ここでいう「人《ひと》」には、自分《じぶん》もふくまれます。自分自身《じぶんじしん》をバカにせず、自分《じぶん》にも誠意《せいい》をもってせっすると、自分《じぶん》のよさが見《み》え、自信《じしん》のない自分《じぶん》とサヨナラします。

③ 今度《こんど》もきっと、うまくいく!

努力《どりょく》して身《み》につけたけいけんは、どんなことにも立《た》ち向《む》かえる勇気《ゆうき》へとかわります。この勇気《ゆうき》をもったとき、すでにあなたは自信《じしん》のない自分《じぶん》とサヨナラしています。

④ けっきょく、イヤでも自信《じしん》をもたねばならぬ

できることがふえると、かならず、人《ひと》からきたいされたり、ひつようとされるようになります。こうなると、もう「自信《じしん》がない」なんて言《い》えません。自分《じぶん》にきたいしてくれる人《ひと》、自分《じぶん》をひつようとしてくれる人《ひと》のために、イヤでも自信《じしん》のない自分《じぶん》とサヨナラしましょう。

空気《くうき》を読《よ》むってなに？

日本《にほん》ではこれにこだわる人《ひと》がたくさんいる「空気《くうき》を読《よ》む」という言葉《ことば》。かんたんにいうと、その場《ば》のふんいきを感《かん》じる力《ちから》です。

じつは、この「空気《くうき》を読《よ》む」能力《のうりょく》は、みんなにもすでにそなわっています。たとえば、教室《きょうしつ》で先生《せんせい》がおこったとき、べつに「しずかにしろ」と言《い》われなくても、ふんいきを感《かん》じてみんなもしずかにしますよね。これもみんなが空気《くうき》を読《よ》んでおこなったことです。

もしこのとき、空気《くうき》を読《よ》めない人《ひと》がいると？

「自分《じぶん》にはかんけいないから」とさわいだせいで、クラス全員《ぜんいん》がおこられる。空気《くうき》が読《よ》めないと、こんなことになってしまうかもしれません。ただし、いつも空気《くうき》を読《よ》んでだまっていればいいかというと、そうでもありません。

友《とも》だちどうしの空気《くうき》をこわさないために、自分《じぶん》の意見《いけん》を言《い》わずにいる。これも空気《くうき》を読《よ》むということです。でも、あまりにこんなことばかりが続《つづ》くと？

自分《じぶん》の意見《いけん》を言《い》うけいけんが足《た》りず、いざ聞《き》かれたときもうまく話《はな》せません。

空気《くうき》を読《よ》むというのは、人《ひと》の顔色《かおいろ》をうかがって何《なに》も話《はな》さないことではありません。
むしろ、空気《くうき》をこわさず話《はなし》に入《はい》り、自分《じぶん》の意見《いけん》を言《い》うことなのです。

空気《くうき》を読《よ》みこなせ！　のりこなせ！

どうすれば、空気《くうき》をこわさずに意見《いけん》を言《い》えるのでしょう？

せっかく話《はなし》がもりあがっているのに、会話《かいわ》の流《なが》れをこわしてまで自分《じぶん》の話《はなし》をすると、その場《ば》の空気《くうき》がみだれ、まわりも少《すこ》しいやな気持《きも》ちになるかもしれません。そこで、上手《じょうず》な言《い》い回《まわ》しを身《み》につけていきましょう。

① 共感《きょうかん》せよ！

いったん「そうなんだあ」と相手《あいて》の気持《きも》ちによりそったあとに「今度食《こんどた》べてみる」と言《い》って、A店《てん》の話《はなし》はくずさずに、自分《じぶん》の好《す》きなB店《てん》の話《はなし》もちょっとだけ出《だ》す。こうすれば、その場《ば》の空気《くうき》をこわさず、自分《じぶん》の意見《いけん》も言《い》え、少《すこ》し満足《まんぞく》できます。

② 「間《ま》」をねらいうて!

会話《かいわ》をしていると、ふいに、みんながだまるしゅんかんがあります。こんなときは、わだいをかえるチャンス。タイミングをのがさず、しつもんの形《かたち》で自分《じぶん》の意見《いけん》を入《い》れてみましょう。

③ 驚嘆《きょうたん》せよ!

相手《あいて》の話《はなし》におどろいたあと、自分《じぶん》にしつもんがきやすそうなことを言《い》うのも手《て》。「今度《こんど》食《た》べてみてよ」などと自分《じぶん》に話《はなし》が向《む》けられたら、「いつもはB店《てん》のケーキを食《た》べてるんだ」と自分《じぶん》の意見《いけん》を言《い》いやすくなります。

見《み》つけ出《だ》そう。自分《じぶん》なりの方法《ほうほう》を!

空気《くうき》をこわさずに話《はな》す方法《ほうほう》をしょうかいしましたが、じつは、これ、おぼえるひつようはありません。会話《かいわ》のうまさや空気《くうき》の読《よ》み方《かた》は、たくさんの人《ひと》と知《し》り合《あ》い、たくさんの人《ひと》と話《はな》し合《あ》うことで、しぜんと身《み》についていくものだからです。なので、子《こ》どものうちは、あまり気《き》にしなくてもだいじょうぶです。

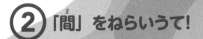

日本《にほん》はしあわせな国《くに》なの？

ぐ～～
食《た》べることすら
できない人《ひと》なら…
たらふく食《た》べられることが
しあわせです。
ひとりでさみしい思《おも》いを
している人《ひと》なら…
たくさんの友《とも》だちが
いることがしあわせです。
節電
節水
1本1円
リッチなくらしに
あこがれている人《ひと》なら…
お金持《かねも》ちになれれば
しあわせです。

大《おお》きな夢《ゆめ》をもって
いる人《ひと》なら…

病気《びょうき》でつらい思《おも》いを
している人《ひと》なら…

けんこうでいられる
ことがしあわせです。

夢《ゆめ》に向《む》かって1歩《ぽ》ずつ
進《すす》んでいくことが
しあわせです。

みんなをわらわせ
たいと思《おも》っている
なら…

わらってもらうことが
しあわせです。

今《いま》がしあわせなら…

このしあわせが続《つづ》くことが
しあわせです。

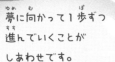

世界《せかい》には、まんぞくに食《た》べられずに死《し》んでいく人《ひと》がたくさんいる国《くに》もあります。命《いのち》にかかわる問題《もんだい》をかかえた国《くに》にくらべたら、人《ひと》それぞれ、ちがう形《かたち》のしあわせをもてる日本《にほん》は、しあわせな国《くに》といえるでしょう。

でも、日本《にほん》と同《おな》じくらいゆたかで、同《おな》じように人《ひと》それぞれ、ちがう形《かたち》のしあわせをもてる国《くに》とくらべると、日本《にほん》がしあわせな国《くに》かどうかは、わかりません。

ただし、1つだけ、いえることがあります。

人《ひと》が、しあわせだと

感《かん》じるとき、その人《ひと》の顔《かお》は、すてきなえがおにつつまれます。ということは、えがおの数《かず》が多《おお》ければ多《おお》いほど、しあわせな国《くに》といえるのです。

えがおというのは多《おお》くの場合《ばあい》、人《ひと》からあたえてもらうものです。つまり、ぎゃくに自分《じぶん》が、だれかをえがおにする力《ちから》をもてば、多《おお》くの人《ひと》をしあわせにできます。もし、みんなが、人《ひと》をえがおにする行動《こうどう》をおこせるなら、日本《にほん》は今《いま》よりきっと、しあわせな国《くに》になれるでしょう。

おうちの方へ

本書の話を最初に伺ったとき、まず思ったことは「どうしよう?」でした。

人が感じる疑問というのは、生活圏内と密接に関係しています。

学校とその周囲で生活する子どもたちにとって、日本という範囲はまだ広く、そこに対する疑問はあまりないでしょう。

さらに、もう少し内幕を語らせていただければ、子どもが感じるかもしれない日本に対する疑問は、すでにこの本のシリーズのどこかで答えています。

では、「日本の素晴らしさ、日本人の心の美しさなどを描こうか?」とも考えましたが、目に映り、耳で聴き、心で感じる。本来なら、経験によって湧きあがるこれらの感情をイラストと文章で構成される本書で紹介してしまうのは無粋ではないか? と感じ、日本賛美の内容は最小限に留めました。

そして、試行錯誤の結果、既刊でしっかり扱っていない、日本の歴史、日本の政治や法律など日本のシステムを紹介することにしました。

「はじめに」でも書きましたが、将来、子どもたちが日本に対して疑問を感じたとしても、その答えは、歴史、文化、政治や法律などのシステムの中に答えがあります。

また、これらは本来、五年生、六年生で習う内容ですが、本書はもう少し下の学年の子も読むことを想定し、予習の要素も含めました。

とくに「れきしのふしぎ」の章は、この部分を強く留意し、日本の歴史のあらすじを「なんとなく理解できる」形にしています。このなんとなくで覚えた歴史という一本の線の上に、これから授業で習う内容を当てはめていくことでより深い理解が可能ではないかと考えております。

ちなみに私個人は、歴史が苦手でした。本書を読んだ子どもたちが私と同じ轍を踏まないようお祈りしています。

大野正人

参考文献

『日本の歴史大事典』西東社
『図解　日本史』西東社
『日本の歴史人物大事典』西東社
『戦国武将大事典』西東社
『まんがで読む古事記』青林堂
『図解　古事記・日本書紀』西東社
『いちばんやさしい　世界史の本』西東社
『日本の仏像　この一冊ですべてがわかる！』西東社
『日本人だけが知らない戦争論』フォレスト出版
『オールカラーでわかりやすい！　太平洋戦争』西東社
『日本のいちばん長い日』文藝春秋
『人種差別から読み解く　大東亜戦争』彩図社
『図解　日本史』成美堂出版
『図解　世界史』成美堂出版
『それでも、日本人は「戦争」を選んだ』新潮社
『最終戦争論・戦争史大観』中公文庫
『徹底図解　日本の城』新星出版社
『「知」のビジュアル百科　古城事典』あすなろ書房
『お城へ行こう！』岩波書店
『日本の遺跡と遺産　５　城と城跡』岩崎書店
『戦国大名の大常識』ポプラ社
『中世の城』三省堂
『図解雑学・こんなに面白い民俗学』ナツメ社
『神社・お寺のふしぎ　１００』偕成社
『世界の宗教がわかる絵事典』ＰＨＰ研究所
『雑学　０歳から１００歳までの年中行事・豆知識３００』日東書院
『お寺と神社の作法ブック』学習研究社
『これだけは知っておきたい　世界の宗教　知識と謎80』ブックマン社
『図解　ふしぎで意外な神道』学研パブリッシング
『日本の神さまと神道　１００の基礎知識』宝島社
『図説　神道　八百万の神々と日本人』河出書房新社
『神仏と日本人』さ・え・ら書房
『Ｐｅｎ Ｂｏｏｋｓ　神社とは何か？お寺とは何か？』阪急コミュニケーションズ
『みたい！しりたい！しらべたい！日本の神さま絵図鑑』ミネルヴァ書房
『図説　あらすじで読む日本の神様』青春出版社
『日本神さま事典』大法輪閣
『忍者の大研究』ＰＨＰ研究所
『決定版　図説　忍者と忍術　忍器・奥義・秘伝集』学研
『江戸の武士の朝から晩まで』河出書房新社
『江戸時代の暮らし方』実業之日本社
『大江戸暮らし　武士と庶民の生活事情』ＰＨＰ研究所
『一日江戸人』小学館
『スポーツなんでも事典　武道』ほるぷ出版
『日本文化の基礎がわかる　茶道・華道・書道の絵事典』ＰＨＰ研究所
『日本妖怪大事典』角川書店
『日本妖怪博物館』新紀元社
『霊能動物館』集英社
『鬼とものの文化史』遊子館

『動物たちの日本史』海鳴社
『鬼がつくった国・日本』光文社
『鬼学』今人舎
『桜の雑学事典』日本実業出版社
『桜と日本人ノート』文芸社
『花見と桜』八坂書房
『さくら百科』丸善出版
『イラストで学べる　政治のしくみ　１〜３』汐文社
『政治と経済がわかる事典』ＰＨＰ研究所
『新版　行政ってなんだろう』岩波書店
『齋藤孝のガツンと一発シリーズ８
　キミは日本のことを、ちゃんと知っているか！』ＰＨＰ研究所
『しくみがわかる　政治とくらし大事典１、２、４』学研教育出版
『新版　主権者はきみだ』岩波書店
『経済ってなに？』シリーズ　草土文化
『経済格差』ほるぷ出版
『イラストで学べる　税金のしくみ１〜３』汐文社
『５００円玉の旅　お金の動きがわかる本』少年写真新聞社
『税金の絵事典』ＰＨＰ研究所
『税ってなに？　１〜４』かもがわ出版
『善悪ってなに？　働くってどんなこと？』草思社
『面白いほどよくわかる自衛隊（改訂新版）』日本文芸社
『写真とイラストでよくわかる！　安全を守る仕事４　自衛隊』国土社
『お仕事ナビ　８　人を守る仕事』理論社
『主要国の各種法廷年齢』国立国会図書館調査及び立法考査局
『まるごとわかる「日本人」はじめて百科』日本図書センター
『ジュニア法律相談　５　結婚するって、どんなこと？』岩崎書店
『世界に誇る！日本のものづくり図鑑』金の星社
『日本の発明・くふう図鑑』岩崎書店
『世界が注目！凄ワザ大国ニッポン１』日本図書センター
『世界にはばたく日本力』シリーズ　ほるぷ出版
『小さくても大きな日本の会社力』シリーズ　同友館
『最新版　日本の地理　１、３、５、６』学研教育出版
『方言と地図』フレーベル館
『方言』ポプラ社
『にっぽん発見！マップ』小学館
『日本の「食」とくらし１　地域ごとに比較しよう』学習研究社
『47都道府県・伝統食百科』丸善出版
『お雑煮１００選―全国から集めた伝統の味』文化庁

参考サイト

防衛省ＨＰ「なりたい！しりたい！海上自衛隊」
http://www.nskaijyo.com/
ＩＭＦ「World Economic Outlook Databases（２０１６年10月）」
http://www.imf.org
ＯＥＣＤ　http://www.oecd.org/
法務省ＨＰ「諸外国における成年年齢等の調査結果」
http://www.moj.go.jp
気象庁ＨＰ「過去の気象データ検索」http://www.jma.go.jp

執筆
大野正人　おおの まさと

文筆家。絵本作家。1972年、東京都生まれ。発刊7カ月で20万部を突破した『こころのふしぎ　なぜ？どうして？』を含む、累計300万部を突破した高橋書店の「楽しく学べるシリーズ」のほぼすべてを手がける。ほかの著書に『夢はどうしてかなわないの？』『お金があればしあわせなの？』『恋ってなに？』（汐文社）、『ズボラーさんのたのしい朝ごはん』（文響社）などがある。

歴史監修　伊藤純郎

日本のふしぎ　なぜ？ どうして？

執　筆　大野正人
発行者　高橋秀雄
編集者　外岩戸春香
発行所　**株式会社 高橋書店**
〒170-6014 東京都豊島区東池袋3-1-1 サンシャイン60 14階
電話　03-5957-7103

ISBN978-4-471-10352-1　©ONO Masato　Printed in Japan

本書の内容についてのご質問は「書名、質問事項（ページ、内容）、お客様のご連絡先」を明記のうえ、郵送、FAX、ホームページお問い合わせフォームから小社へお送りください。
回答にはお時間をいただく場合がございます。また、電話によるお問い合わせ、本書の内容を超えたご質問にはお答えできませんので、ご了承ください。本書に関する正誤等の情報は、小社ホームページもご参照ください。

【内容についての問い合わせ先】
書　面　〒170-6014 東京都豊島区東池袋3-1-1 サンシャイン60 14階　高橋書店編集部
F A X　03-5957-7079
メール　小社ホームページお問い合わせフォームから　(https://www.takahashishoten.co.jp/)

【不良品についての問い合わせ先】
ページの順序間違い・抜けなど物理的欠陥がございましたら、電話03-5957-7076へお問い合わせください。ただし、古書店等で購入・入手された商品の交換には一切応じられません。